유쾌한 기억의 심리학

박지영

서울대학교 심리학과를 졸업하고 경상대학교 대학원 심리학과 박사과정에 재학 중이다. 기존의 과학적인 심리학의 테두리를 뛰어넘어 '통합심리학'이나 '생태심리학' '기(氣) 심리학' 등 서양의 심리학과 동양의 철학이 접목된, 학제를 넘나드는 인간 본연의 마음과 행동 연구에 깊은 관심을 갖고 있다.

제주 KBS, 울산 MBC, 부산교통방송 등에 고정출연했으며, 『월간에세이』 등 여러 잡지에 기고하였고, 공무원교육청, 울산대학교, 현대문화센터 등에서 강의하였다. 심리학의 대중화에 이바지했다는 평을 받은 베스트셀러 『유쾌한 심리학』의 저자이며, 심리학의 연구 성과를 대중에게 알리고자 노력하면서 집필 활동을 하고 있다. 그 외 지은 책으로는 『생활 속의 심리학』, 『네가 나를 모르는데』, 『내 모자 밑에 숨어 있는 창의성의 심리학』(공저), 『심리학 용어사전』(편저) 등이 있으며, 논문(공동연구)으로는 「시가지도로의 동화상 광고물이 운전자 행동에 미치는 영향」, 「노년층 교통참가자의 운전특성 및 교육내용에 관한 연구」 등이 있다. 현재는 청소년들을 위한 (가제)『심리학으로 세상 이해하기』를 집필 중이다.

유쾌한 기억의 심리학

2009년 6월 22일 제1판 제1쇄 인쇄
2009년 7월 1일 제1판 제1쇄 발행

지은이 박지영
펴낸이 이재민

편집 박환일
디자인 studio.triangle
출력 이희수 com.
종이 삼도페이퍼보드
인쇄 천일문화사
제본 아산문화사

펴낸곳 너머북스
주소 121-865 서울시 마포구 연남동 226-11
전화 02)335-3366 팩스 02)335-5848
등록번호 제313-2007-232호

박지영, 2009. Printed in Seoul, Korea

ISBN 978-89-961239-5-8 03180

값 12,000원

유쾌한 기억의 심리학

천개의 얼굴을 가진 기억 ― 우리는 무엇을 왜, 기억하고 망각하는가

박지영 지음

너머북스

"기억은 인간을 인간답게 하는 가장 핵심 요소"

살아가면서 잊고 사는 것이 많습니다. 늘 함께 하기에 그 존재가 당연해 보이고, 그래서 그 중요성을 우리가 모르는 것들이 참으로 많습니다. 공기와 물이 그렇고, 가족이라든가 친구 혹은 동료들이 그러하며, 건강 같은 것도 마찬가지입니다. 이러한 것들은 그 존재가 너무나 당연하고 자연스러워 보여서 굳이 평상시에 생각해 볼 필요가 없는 것처럼 느껴집니다.

하지만 이러한 것들은 그 존재가 없어지면 즉각적으로 절감하게 됩니다. 공기나 물이 오염되어 숨을 쉬기 어렵고 물을 마실 수가 없다면 생존의 위협을 받게 됩니다. 어떤 경우에는 다투기도 하겠지만, 가족이나 친구가 어느 날 갑자기 눈앞에서 사라져버리면 그 존재는 더욱 애절하게 느껴집니다.

기억이란 것도 마찬가지입니다. 우리는 기억을 공기나 물처럼 아주 당연하게 느끼고 있습니다. 그래서 우리는 기억이 어떤 것이며, 기억이 얼마나 중요한 것이고, 어느 날 갑자기 사라져버리면 어떤 일이 벌어질지 평소에 생각을 하지 않습니다. 기억 역시 공기나 물처럼 우리 머릿속에서 사라졌을 때 그 필요성을 절감하게 됩니다.

가령, 며칠 전 소개를 받은 사람인데 얼굴이 기억 나지 않는다면 …, 분명 명함을 받아들고 이름을 외워 두었는데 이야기하는 도중에 그의 이름을 잊어버린다면…, 전날 공부할 때 분명히 본 내용인데 오늘 시험에서 그것이 생각나지 않는다면….

이럴 때 우리는 당황하게 됩니다. 또 자기에 대한 관심이 없어서라든가 혹은 신경을 쓰지 않았기 때문에 그러한 일이 벌어지는 것이 아닌가 하고 상대방은 생각하게 됩니다. 그렇게 되면 인간관계가 서먹해지고, 서로에 대해 오해를 하는 경우까지 생기게 됩니다. 또 다른 한편으로는 "내 머리가 그것밖에 되지 않는가"라고 생각하면서 자신에 대해 자조 섞인 평가를 내리기도 합니다. 어떠한 것이든 상대방을 오해하거나 자신을 자책하기에는 충분합니다.

하지만 그러한 것은 우리가 그들에 대해 무관심해서가 아닙니다. 우리의 머리가 나빠서도 아닙니다. 그러한 것은 이 책에서 보게 되듯이 모두 인간 기억의 자연스런 특성에 기인하는 것입니다. 우리의 기억은 상당히 효율적이고 체계적인 것이긴 하지만, 한편으로는 우리를 잘못 인도하고 우리를 속이기도 하며 거짓말하는 것처럼 보이게도 합니다. 또 한편으로 기억이라는 것은 저절로 생기기도 하고 잘못 유지되기도 하며 잊혀지기도 합니다. 이러한 것을 보면 기억이 유기체처럼 살아 움직이는 존재라는 생각도 듭니다. 하지만 이 책을 읽고 나면 이와 같이 우리가 기억에 관해 일반적으로 오해하는 것들이 충분히 있을 수 있으며 또 한편으로는 자연스런 현상이라는 것을 알게 될 것입니다. 그렇게 되면 기억의 문제로 인해 생긴 사람들간의 오해는 상당 부분 풀리게 될 것입니다.

기억력이 좋다면 생활에서 얻을 수 있는 이점이 한둘이 아닙니다. 상대의 얼굴과 이름을 잘 기억함으로써 관계가 유쾌해지고 배운 내용을 잘 기억함으로써 성적을 올릴 수 있습니다. 또 기억을 잘함으로써 필요한 것을 찾는 시간을 절약할 수 있습니다. 이러한 이점 때문에 시중의 기억에 관한 책들 중 대부분은 기억력을 증진시키는 방법에 관한 것들입니다.

하지만 이 책은 기억력을 증진시켜 주는 책은 아닙니다. 그래서 이 책을 읽어도 기억력이 비온 뒤 죽순이 자라듯 급작스럽게 나아지지는 않을 것입니다. 물론 기억을 잘하기 위해서는 어떻게 해야 하는지에 관한 것도 이 책의 내용으로 포함하고 있긴 하지만, 그러한 것은 인간 기억에 관한 많은 구성요소 중의 일부일 뿐입니다.

이 책은 인간 기억에 관련된 사항을 체계적으로 살펴보는 것입니다. 기억이라는 것이 어떤 것이고 왜 중요하며, 어떠한 과정을 거쳐 기능을 하고, 또 기억이 잘못되면 어떻게 되는지 등에 관해 각종 실험과 실생활에서의 사례를 들어 설명하고 있습니다. 그리하여 인간 기억에 관한 특성을 알고 있으면 우리는 기억과 관련하여 나타나는 많은 현상에 대해 이해를 하게 되고 기억이 잘못 작용할 때에는 나름의 대처를 할 수도 있을 것입니다.

　인간의 기억은 유형이 다양합니다. 그래서 아주 쉽게 기억을 할 수 있는 사람이 있는가 하면 또 쉽게 기억을 할 수 없는 사람들도 있습니다. 또 너무나 쉽게 잘 잊어버리는 사람이 있는가 하면, 잘 잊어버리지 못하는 사람들도 있습니다. 또 쉽게 기억을 했다가도 쉽게 잊어버리는 사람이 있는가 하면, 잘 기억이 되지 않지만 한번 기억하면 오랫동안 기억할 수 있는 사람도 있습니다.

　우리가 어떠한 유형의 기억을 가지고 있든 기억과 관련하여 개인으로 살아가는 데 그리 큰 지장만 없다면 우리는 이미 축복받은 존재입니다. 그것은 우리 인간이 기억을 갖고 있다는 사실 때문입니다. 기억은 바로 인간을 인간답게 만드는 가장 핵심적인 요소이니까요.

　많은 분들께 감사의 말씀을 전합니다. 첫 번째 독자가 되어 편집을 맡아주신 박환일 선생께 우선 감사드립니다. 추천의 말씀을 해주신 서울대 심리학과 이훈진 교수님과 국립중앙박물관 김재홍 박사님, 그리고 크레듀 이정환 상무님께도 진심으로 감사드립니다. 이훈진 교수님께서는 저의 또 다른 책『유쾌한 심리학』에 「나, 그리고 너 — 심리학의 은밀한 매력」이라는 멋진 추천사를 써주셨던 분이기도 합니다.

　저에게 심리학의 새로운 면을 보게 하여 좀더 넓은 세계로 이끌어주신 경상대 심리학과 이양(李洋) 교수님께 특히 감사의 말씀을 드립니다. 현재 예일대 연구교수이기도 하신 이 교수님은 과학적 심리학을 뛰어넘어 동양의 철학과 기(氣), 생태심리학 등에까지 관심을 가지고 연구를 수행하고 계십니다. 제가 서울대를 졸업하고서도 경상대 대학원에서 공부하게 된 것은 이양 교수님이 계셨기 때문이었습니다.

오랫동안 고락을 함께한 청빈회 친구들께도 이 자리를 빌려 고마음을 전합니다. 이들은 저의 든든한 지지자와 후원자로서 늘 곁에 있어주었습니다. 그리고 사랑하는 아들 찬휘와 존경하는 부모님을 비롯해 저를 아끼고 사랑해주시는 많은 분들께 애틋한 저의 마음을 전합니다.

2009. 6.

마포 창전동 샤인빌에서

박지영

차례

01

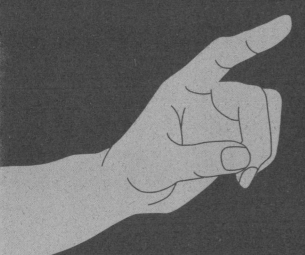

기억은

양날의 칼

"기억은 양날을 가진 칼이다. 한편으로는 자신에게
큰 도움이 되지만 다른 한편으로는
그만큼 큰 고통을 줄 수가 있다."

어떤 사람의 이름이나 얼굴을 기억하지 못해 당황해 본 적이 없는가?
시험이나 면접과 같은 중요한 자리에서 답안이 생각나지 않아 애가 터
져 본 적이 없는가? 약속을 해놓고도 생각이 나지 않아 상대방을 바람
맞힌 일이 없는가? 가스레인지 불에 뭔가를 올려놓고 깜빡해 본 적은
없는가? 결혼식이라든가 동창회 날짜를 '깜빡'한다든가 사랑하는 사
람의 생일을 잊어버려 핀잔을 받은 일은 또 없는가?

이러한 일은 우리 일상생활에서 흔히 일어난다. 아무리 기억력이 뛰
어나다 하더라도 한 가지 빼먹는 것이 있게 마련이며, 기억력이 좋지
않아 늘 메모하는 습관이 배여 있다 해도 어디에 적어놓았는지 기억하
지 못해 또 잊어버리기도 한다.

어떤 사람의 이름이나 얼굴을 기억하지 못하거나 시험 답안이 생각
나지 않는 것과 같이 이미 지나간 경험에 대한 기억을 하지 못하는 것
은 그나마 다행스럽다. 한순간 창피스럽고 괴롭긴 하지만, 대개는 일단
그 순간만 모면하면 된다.

하지만 약속한 상대방을 바람 맞히는 것처럼 앞으로 해야 할 것에

대한 기억을 잊어버리는 경우는 과거의 기억을 하지 못하는 것에 비해 보다 심각하다. 당장 여러분의 태도나 인상이 도마 위에 오르고 인간관계가 영향을 받으며, 업무나 사업에 지장이 생기게 된다. 또 한편으로는 가스불에 뭘 올려놓은 것을 잊어버린 경우라든지 전화 받다가 다림질하던 것을 잊어버릴 경우에는 뜻하지 않은 재난이 생길 수도 있다.

기억력이 좋지 않으면 당장 지장이 생긴다. "업은 애 3년 찾는다"는 속담처럼 선글라스를 머리에 쓴 채로 선글라스를 찾아 헤맬 때는 애가 타고 제시간에 외출할 수 없다. 새로 바꾼 현관의 비밀번호가 생각나지 않는다면 똑똑한 동생이 올 때까지 바깥에서 떨어야 한다. 이처럼 기억력이 좋지 않다면 애가 타고 시간을 허비하며 손발이 힘들게 된다.

한편으로는 잊어버리지 못해 고통 받는 사람들도 있다. 중대한 실수라든가 좌절 혹은 실패 등이 잊혀지지 않아 힘든 사람도 있고, 전쟁이라든가 자연재해 혹은 끔찍한 사고 경험을 한 사람들도 잊어버리지 못해 힘들어한다.

기억력이 비상할 정도로 좋아 남들로부터 선망의 대상이 되는 사람일지라도 그것은 당사자에게 고통일 수 있다. 가령 S라는 사람은 절대로 잊어버릴 수 없는 기억을 소유한 사람이었다. (제5장 중 '이미지를 활용하라' 항목 참조) 16년이 지난 후에도 그는 심리학 실험실에서 행한 기억 목록을 줄줄이 외우고 있었다. 하지만 그의 가장 큰 고민거리는 어떻게 하면 그것을 잊어버릴 수 있는가 하는 것이었다. 그의 머릿속은 여러 단어, 숫자들로 가득 차 있었고, 그것들은 생생한 이미지로 나타나 그를 괴롭혔다. 결국 그는 정신병원에서 생을 마감했다.

이처럼 기억은 양날을 가진 칼이다. 한편으로는 자신에게 큰 도움이 되지만 다른 한편으로는 그만큼 큰 고통을 줄 수가 있다. 그래서 기억에 관해 우리가 평소에 생각을 하지 않으면서 사는 것이 오히려 생활에 더 도움이 될지도 모를 일이다.

기억이 사라진다면

어느 날 갑자기 우리의 기억이 모두 사라진다면 어떤 일이 벌어지겠는가? 아침에 일어나 가족의 얼굴을 알아보지도 못할 것이고, 자기 이름조차 모를 것이다. 학교나 직장에 가는 길이나 방법은 물론 오히려 학교에 가거나 출근하는 것조차 잊어버릴 것이다. 자기가 누구인지를 알수가 없을 것이며, 따라서 개인의 정체감이나 인간관계 같은 것은 전설로 들릴 것이다.

물론 이 정도까지 기억을 상실하는 경우는 극히 드물지만, 인간에게서 기억이 없어진다면 어떤 일이 벌어질까? 먼저 한 편의 영화로 시작하자.

하와이의 한 해양동물원에서 수의사로 근무하는 한 남자가 있었다. 이 남자는 돈을 충분히 모은 후 알래스카로 가서 그곳에 있는 '해마'*의 삶을 연구하는 것을 꿈으로 품고 있었다.

근무가 없는 날이면 그는 하와이

를 찾은 여성과 하룻밤의 로맨스

를 위해 데이트하는 것을 낙으로

삼았다. 그러던 어느 날 아침 그는

카페에서 한 여성과 우연히 마주

치게 되고 한눈에 마음을 빼앗겨

버린다. 결국 그는 그 여성과 달콤

한 하룻밤을 보내게 되지만, 문제

는 다음날 아침에 터진다. 그 여성

이 자기를 알아보지 못하는 것이다. 달콤해야 될 아침이 눈 뜬 여성의 비명

으로 시작되어 순식간에 아수라장이 되어 버린다.

남자는 이 여성이 교통사고의 후유증으로 단기기억 상실증을 앓고 있다

는 것을 나중에 알게 된다. 새로운 기억이 저장되지 않는 것이다. 그 때문

에 하루만 지나면 전날 일을 깨끗이 잊어버리고 그 전날과 똑같은 날이 반

복된다. 그래도 그녀에게 마음이 빼앗긴 남자는 그 후로도 매일 접근하면

서 대화를 시도한다. 그리하여 접선(?)에는 성공하지만 여전히 결과는 참

담하다. 다음날 역시 그녀가 기억

을 하지 못하기 때문이다.

… 결국 가족과 이웃의 도움을 받

으면서 애처로운 구애가 계속되

고, 여성은 어렴풋이 이 남자의 잔

* | 해마 | 이 영화에서 해마는 바다에 사는 생물

체를 말한다. 그러나 뇌에는 해마라는 같은 이름의

부위가 있는데, 마치 생김새가 바다의 해마를 닮아

그렇게 부른다. 뇌 속의 해마는 기억을 관장하는 곳

으로 알려져 있다. 그래서 이 영화에서 해마는 하나

의 복선이라 할 수 있다.

상을 남기게 된다. 그리하여 결국엔 결혼하기에 이른다. 몇 년이 지난 뒤 알래스카로 향하는 배에는 그 여성뿐만 아니라 장인과 처남, 그리고 태어난 지 일년여가 되어 보이는 아이가 타고 있다. 하지만 여전히 그 여성은 남자를 알아보지 못하고 있다.

한 편의 영화는 이렇게 끝난다. 아담 샌들러와 드류 베리모어가 주연하고 피터 시걸이 감독한 영화 『첫키스만 50번째』(50 First Dates, 2004)의 줄거리다. 여성에게는 새 기억이 저장되지 않는 '병'이 있었으므로 그 남자와 오랫동안 반복적으로 키스를 하더라도 여자에게는 항상 첫키스였던 것이다. 이 영화가 진짜 첫키스를 한 후 결혼하여 30년이 지난 때의 이야기를 다루었다면 아마도 제목은 『첫키스 만오십번째』(10050 First Dates)로 바뀌었을지도 모른다.

애초부터 인간에게 기억이 없었다면 우리는 오붓하게 지내는 가족도 갖지 못했을 것이고 친구라든가 연인, 동료 등도 없었을 것이며, 사회라든가 국가도 만들지 못했을 것이다. 기억이 없었다면 우리는 아프리카 세렌게티 평원의 사자처럼 본능에 따라 지금까지 살고 있을지도 모른다. 인간에게 기억이 없으면 벌어질 수 있는 일은 기억상실증 환자라든가 치매로 고통받는 사람들을 보면 충분히 알 수 있다. 또 이런 것은 영화 소재가 되어 많은 영화들이 만들어지곤 한다. 『내 머릿속의 지우개』라든가 『본 아이덴티티』와 같은 '본 시리즈'가 그러한 예다.

하지만 다행히 인류의 조상은 기억을 가지고 있었으며, 또 이용할 수 있었다. 인류가 출현하고 난 오랜 후의 일이기는 하지만, 인간이 도구와 불을 사용하게 되었던 것도 기억을 할 수 있었기 때문이다. 도구의 사용은 인간이 두 발로 걸을 수 있게 진화되면서 손이 자유로워진 것에 기인한다. 어쩌다가 나무 막대기나 뾰족한 돌과 같은 물건을 주워 손으로 장난을 치다보니 무엇인가를 손쉽게 혹은 효율적으로 하게 되더라는 것을 알고, 또 기억하다 보니 도구를 사용하게 된 것이다. 마찬가지로 불을 활용하게 된 것은 불이 지닌 특성을 알아내고 기억했기 때문이다. 이는 인간의 위대함을 보여준다.

기억을 하고 이를 활용할 수 있는 능력이 얼마나 위대한 것인가는 동물의 예를 들어보면 잘 알 수 있다. 가령 개가 기억을 할 수 있고 그것을 활용할 능력이 있다면 아마도 당신의 개가 뼈에 붙은 살을 먹기 위해 돌이라든가 나뭇가지를 들고 그 살을 바르고 있을지도 모른다. 길거리의 고양이는 물의 공포를 피하기 위해 자기 나름의 장화를 만들어 신고 다닐 것이다. 참새는 비를 피하기 위해 둥지 위에 지붕을 만들어 놓았을 것이며, 파리는 파리채의 위험을 피하기 위해 철갑옷을 걸치고 다닐지도 모른다. 동물이 영역을 표시하기 위해 배설물 대신에 울타리를 치고 대문을 만들게 된다면 우리로서는 뒤로 나자빠질 일이다.

기억 연구의 기원

한 사회나 국가의 과거를 기억하기 위해 이전 시대의 유물을 보존하는 장소가 박물관이다. 박물관을 뜻하는 영어 단어 Museum은 바로 '뮤즈의 신전'이라는 뜻에서 나왔다고 한다. 뮤즈(Muse)는 그리스 신화에 나오는 여신들로, 신 중의 왕인 제우스와 기억의 여신인 므네모시네(Mnemosyne) 사이에서 태어난 9명의 자매들이다. 이들이 관장한 것은 희극과 비극, 시, 음악, 역사, 기하학, 천문학 등이었다. 한 마디로 예술과 과학이었다.

예술과 과학은 기억이 뒷받침되지 않으면 이루어지기 어렵다. 기록이 힘들었던 옛날에는 외우는 것이 중요했다. 연극에서는 대사를 외워야 하고, 음악에서는 운율을 암송해야 한다. 역사학에서는 과거에 일어났던 일을 잊지 않는 것이 중요하다. 그리고 기하학과 천문학 등도 이전의 연구를 자세히 기억하고 있어야 한다. 그 때문인지 아홉 뮤즈를 낳은 어머니가 바로 기억의 여신이었다. 기억술을 뜻하는 '므네모닉'(mnemonic)이라는 단어도 므네모시네에서 나왔다고 한다.

인류의 초기 지식이 후세에 '기억으로' 전해지지 않았다면 우리는 농업혁명도, 산업혁명도, 요즘의 지식정보화혁명도 이루어내지 못했을 것이다. 한마디로 말하면 우리는 기억을 갖고 있기 때문에 현재의 문명과 문화의 혜택을 누리고 있으며, 인간다운 생활을 하고 있는 것이다.

이처럼 인간은 인류 초기부터 기억을 갖고 있었으며 그로 인해 역사의 진보를 이루어왔지만, 기억에 대한 연구가 시작된 것은 불과 130여 년 전이었다. 그 전까지는 분명 인간이 기억을 갖고 있음에도 불구하고 ─ 2000년 전 철학자들도 기억에 관해 언급을 한 적은 있다 ─ 기억에

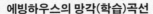 **에빙하우스의 망각(학습)곡선**

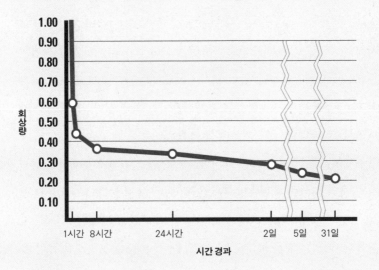

에빙하우스는 자신이 피험자가 되어 실험을 했는데 그것은 무의미철자를 완벽히
외운 상태에서 시간을 달리하여 검사함으로써 그 무의미 철자들이 어느 정도
망각되는지를 알아보았다. 그 결과 학습 후 급속한 망각이 이루어져
한 시간이 지난 뒤에는 44%만을 기억할 수 있었다. 하루가 지난 뒤에는
35%만을 기억했으며, 일주일 후에는 21%만 기억했다. 그 후로는 완만하게
망각이 진행된다. 그래프 아래쪽은 기억에 저장(학습)된 것이고 윗부분은
망각된 것을 나타내므로 이 곡선을 망각곡선이라 하기도 하고 학습곡선이라
하기도 한다.

대한 과학적인 연구가 없었다. 그것은 기억이 '있다'는 것을 알기는 하지만, 그것을 측정(증명)할 방법이 없었기 때문이다. 그 때문에 수천 년간 기억은 인간의 연구(심리학)에서 한 발짝 뒤로 처져 있었던 것이다.

기억에 관한 과학적인 실험은 19세기 후반 독일의 학자인 에빙하우스(Herman Ebbinghaus)로부터 시작되었다. 그는 1879년부터 기억 연구를 시작하여 1885년에 『기억에 관하여』(On Memory)라는 책을 출판했는데, 이 해를 심리학계에서는 기억 연구의 시작으로 보고 있다. 그리하여 1960년대 이후 심리학의 조류가 행동주의에서 인지심리학으로 바뀌면서 기억에 대한 연구가 활발히 진행되었다.

에빙하우스는 자기 자신을 피험자로 하여 엄격하게 통제된 환경에서 학습과 망각에 대한 간단한 실험을 했다. 그것은 DAX, BUP, LOC 등과 같이 자음-모음-자음으로 구성된 아무런 뜻이 없는 철자들의 묶음 ― 이러한 것을 무의미철자라고 한다 ― 들을 틀리지 않고 반복할 수 있을 정도로 학습한 다음 시간을 달리하면서(20분~1개월) 이 목록들을 얼마나 기억하고 있는가를 검사하는 것이었다. 그리하여 기억은 1시간까지는 급속하게 떨어지다가 그 후 점진적으로 떨어진다는 것을 발견해 냈다. 그리하여 앞의 그래프와 같은 망각(학습)곡선을 제안했는데, 이것이 과학적인 기억 연구의 시작이었다.

기억의 단계 - 애트킨슨과 쉬프린 모형

기억은 우리가 정보를 획득하고 저장하며 인출하는 과정이다. 이는 기억이 세 개의 단계로 구분되어 있다는 것을 나타낸다. 즉 부호화, 저장, 인출이 그것이다. 부호화(encoding) 단계는 물리적 입력을 표상이나 부호로 전환하여 입력하는 과정이다. 저장(storage) 단계는 시간이 지나더라도 기억에서 유지하는 것이고, 인출(retrieval) 단계는 저장된 기억을 회상해내는 것이다.

컴퓨터로 비유하면 좀더 이해가 쉽다. 부호화는 키보드나 마우스 등으로 입력하는 단계이며, 저장은 '저장' 키를 눌러 작업한 것들을 저장하는 단계이다. 그리고 인출은 작업을 위해 하드디스크나 CD에 저장된 파일을 불러오는 단계이다. 이 가운데 어느 단계에서든 이상이 생기면 기억 실패 또는 망각으로 이어지게 된다. 즉 입력을 하지 않으면 저장되는 것이 없을 것이고, 저장 단추를 눌러 저장을 하지 않으면 작업한 것이 모두 날아가게 될 것이다. 그리고 저장을 잘 했더라도 어디에 저장해 두었는지 알지 못해 불러올 수 없다면 이 또한 기억 실패가 된다.

이 순간에도 우리는 외부세계로부터 엄청난 양의 자극을 받고 있다. 그 자극들은 시각적인 것도 있고 청각적인 것도 있으며, 촉각이라든가 후각, 미각 혹은 운동적인 것도 있다.

하지만 그렇게 많은 자극에 우리는 일일이 대응할 수도 없으며, 또할 필요도 없다. 대부분은 우리에게 그리 필요한 것이 아니기 때문이다. 가령 우리가 버스를 타고 가면서 책을 읽는다고 해보자. 책을 읽는 동안에도 옆 사람들의 이야기 소리라든가 엔진의 소음, 다른 차가 지나는 소리 혹은 주위의 다른 소음들이 끊임없이 우리의 감각기관에 들어온다. 하지만 우리가 책을 열심히 읽고 있다면 그런 소음은 우리에게 별로 들리지 않는다.

이렇듯 외부에서 자극이 우리의 감각기관으로 엄청 쏟아져 들어온다 하더라도 그것이 우리에게 의미가 없다면 주의를 기울이지 않아도 된다. 하지만 버스의 시끄러운 엔진소리가 더 이상 들리지 않으면 오히려 그것에 주의를 기울이게 된다.

그런 의미에서 외부세계로부터 우리에게 들어오는 각종 감각 재료들은 우리에게 쓸모가 없다면 쓰레기라고 볼 수 있다. 그런 쓰레기 더미에서 우리는 우리에게 필요한 것을 골라낸다. 그러므로 우리는 재활용사업가라 할 수 있다.

> 여러분은 재활용사업가이다. 공장은 쓰레기 매립장 바로 옆에 있으며, 엄청나게 큰 규모로 운영하고 있다. 하루에도 수만 대 분량의 트럭이 쓰레기를 쏟아붓는데, 여러분의 공장이 하는 일은 ❶쏟아지는 쓰레기에서 쓸 만한 것을 골라내서 ❷손질 과정을 거쳐 ❸창고에 보관하며, ❹어떤 재활용품을 필요로 하는 사람이 있다면 창고에서 다시 가져와 손을 본 다음 그에게 보내주는 일을 한다.
> ❶단계에서는 쓰레기차가 계속 들어와서 버리고 가기 때문에 쓰레기를 버리는 짧은 순간 재활용품을 골라내지 못하면 다른 쓰레기에 묻혀 버린다.

❷단계인 손질 과정에서는 여러 명의 인부가 작업을 하고 있으나 작업대의 규모가 한정되어 있어 ❶단계에서 들어오는 모든 재활용품을 모두 처리하지 못한다. 그래서 어떤 것들은 처리가 되어 창고에 보관될 수도 있으나, 처리하지 못하는 것은 작업대에서 밀려 사라져버린다. 물론 이 단계에서 손질 중인 제품을 어떤 사람이 필요로 한다면 창고에 저장하지 않고 바로 출고될 수 있다.

❸단계에서는 손질 과정을 거친 재활용품이 창고에 저장된다. 이 창고는 엄청나게 커서 저장하지 못할 제품은 없다. 또한 창고가 큰 만큼 분류가 잘 되어 있기 때문에 필요한 재활용품을 바로바로 뽑아낼 수 있다.

그리고 ❹단계에서는 다른 사람이 필요로 하는 제품을 그에게 보내주는 역할을 하는데, ❷단계의 손질작업을 한번 더 거쳐 전달된다. 하지만 한 번 창고에 들어간 제품은 영구히 저장된다. ❷단계의 작업대에 보내는 것은 복사본이며, 원래 제품은 그대로 창고에 보관되어 있다. 아무리 사용하더라도 재물이 없어지지 않는 화수분인 것이다.

기억은 바로 위와 같은 과정을 거쳐 진행된다. 재활용품은 우리가 필요로 하는 기억이며, 처리 과정에 따라 감각기억과 단기기억 그리고 장기기억으로 구분된다. 위의 사례로 설명하면, 쓰레기차에서 버려지는 엄청난 양의 물품들이 감각기억이라고 할 수 있다. 쓸 만한 것을 찾아내기 위해 인부는 버려지는 모든 쓰레기를 보고 있으며, 눈에 띄는 것이 있으면 골라낸다. 하지만 보고도 골라내지 않으면, 즉 주의를 기울이지 않으면 다른 쓰레기에 묻혀 사라지게 된다. 그러면 그것은 더 이상 우리 머릿속에 남아 있지 못한다.

쓸 만한 것을 골라내면 손질작업대로 넘기게 되는데, 이 손질작업 과정이 바로 단기기억이다. 손질이 되었지만 그래도 미흡한 느낌이 들면 몇 번이든 새로 손질을 하게 된다. 이 과정이 리허설(되뇌기)이다. 이 단계에서는 창고에 저장되었다가 출고될 재활용품을 한번 더 손질하기도 하는데, 이것 역시 단기기억이다. 외부에서 들어오는 것을 처리하든 이미 저장된 것을 다시 불러내서 처리하든 작업대에 올라 있다면 — 즉 현재 우리가 생각하고 있는 것 — 모두가 단기기억이라는 것이다. 그런 다음 보관을 위해 창고에 넘기게 되는데, 창고에 저장된 기억이 장기기억이다. 창고에서 일하는 인부는 나중에 찾기 쉽도록 제품을 잘 분류하여 보관한다. 그리고 작업대에서 손질을 거쳐 외부로 출고되는 재활용품이 바로 우리의 말과 행동이다. 물론 생각만 하고 마는 것처럼 외부로 출고되지 않고 다시 창고에 저장되기도 한다.

요약하면, 감각기억은 아주 짧은 시간 동안 지속되는 기억으로서, 엄청난 양의 정보를 저장할 수 있다. 우리가 보고듣는 모든 것들이 감각기억에 저장되었다가 순간적으로 사라진다. 사라진 다음에는 더 이상 그것을 떠올려보지 못한다. 그리고 단기기억은 현재 우리의 머릿속에 떠올라 있는 기억이며, 장기기억은 현재 우리 머릿속에 떠올라 있지는 않지만 저장되어 있는 방대한 양의 기억이다. 컴퓨터로 비유하면 현재 화면상에서 작업중인 것이 단기기억이고, CD나 하드디스크에 저장되어 있는 것이 장기기억이다.

이상을 요약하여 인간의 기억 단계를 그림으로 나타내면 다음의 그림과 같다. 이 그림은 애트킨슨(Atkinson)과 쉬프린(Shiffrin)이라는 심리학자가 1968년 제안한 것인데, 인간의 기억에 대해 간단하게 표현한 것이지만 중요한 것을 전부 포함하고 있다. 이 그림에서 이 책의 모든 내용이 시작된다.

애트킨슨과 쉬프린의 기억 단계 모형

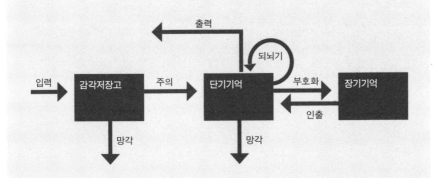

우리가 보거나 듣는 외부의 수많은 자극은 모두 감각저장고(감각기억)에 들어오게 되는데, 이곳에서 우리의 주의를 받지 못하면 사라져버리고(망각), 주의를 받은 것만이 단기기억으로 들어온다. 단기기억에서 처리된 자극은 장기기억으로 부호화되어 저장되거나 말 또는 행동으로 외부로 표현(출력)되기도 한다. 장기기억으로의 저장이 잘 안 되면 되뇌기를 하여 장기기억에 저장한다. 단기기억은 용량이 제한되어 있기 때문에 정보가 처리되어 장기기억에 저장될 기회를 잡지 못하면 이 역시 망각된다. 그리고 단기기억은 장기기억에 저장된 것을 불러와서(인출) 작업하기도 한다.(과거를 회상하는 것을 생각해보라.) 한편, 감각기억은 기억하고 있는 시간이 너무나 짧아 기억의 종류에서 제외시키고 감각저장고라는 표현으로 사용하기도 한다.

감각기억과 단기기억, 장기기억의 비교

특성	감각기억	단기기억	장기기억
용량	크다	작다(7±2개)	무한정
지속기간	1/4초(시각), 1~3초(청각)	18초	평생
정보유지	불가능	지속적 주의, 시연(되뇌기)	반복, 조직화
정보손실	쇠퇴, 차단	쇠퇴, 간섭, 대치(치환)	간섭, 인출 실패
표상의 형태	감각	주로 음운적	주로 의미적
작용	자동적(반응적), 병렬처리	선택적(의식적, 능동적), 직렬처리	자동적(무의식적, 수동적)
회상	-	완전하고 정확함	불완전하고 부정확

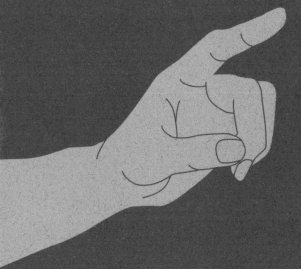

02

감각기억

(Sensory Register/Memory)

"감각기억은 정보를 잠시 보관하는 창고의 역할을 하며,

우리는 그 창고에서 우리에게 의미 있는 것을

선택적으로 끄집어내어 활용한다."

감각기억은 외부의 자극이 우리의 감각기관을 통해 들어왔다가 머릿속에서 잠시 동안, 아주 잠시 동안 머물다 가는 기억을 말한다. 시각적인 것이라면 0.25초 정도 머물고, 청각적인 것이라면 1~3초 정도 머문다. 쓰레기 재활용장의 사례에서는 각종 쓰레기차들이 쏟아붓는 쓰레기들이 이에 해당한다. 쏟아붓는 그 순간에는 어떤 것들이 버려지는지 눈에 보이기도 하고 귀에 들리기도 하지만, 그 순간만 지나면 다른 쓰레기들이 계속 유입되기 때문에 더 이상 보지도 듣지도 못하게 된다. 사례를 보자.

친구들과 고스톱을 하고 있는 중이다. 다섯 명이 하니까 정원은 꽉 찼다. 딜러는 패를 돌리다가 엎어 놓아야 할 패를 보여줘 버렸다. 딜러는 재빨리 덮었다. 순간적이긴 했지만 난 그 패를 봤다. 그러나 무엇이었는지는 생각이 나지 않았다. 다른 사람들도 마찬가지인 모양이었다. 그대로 놀이는 진행됐다.

위의 사례에서만은 아니다. 뭔가가 휙 하고 지나갔거나 이상한 소리를 들으면 그곳으로 주의를 집중한다. 그러나 그것이 정확히 무엇인지는 모른다. 운전 중에 백미러를 힐끗 보았을 때 뭔가가 있었다면 다시 한 번 유심히 봐야 알게 된다. 또 여러분이 어떤 생각을 골몰히 하고 있을 때 옆 친구가 어떤 말을 건네면 "뭐?"라고 되묻기도 한다. 뭔가를 보고 들었는데, 그것이 정확히 뭔지를 모르는 것이다.

이것은 우리의 기억구조 중 감각기억이 작용한 결과다. 감각기억은 말 그대로 감각적인 것이어서 의식적인 과정이 필요없다. 또 기억이라고 하기엔 너무 짧다 ― 그 때문에 감각기억을 기억의 한 종류로 다루지 않는 학자들이 많다.* 그래서 뭘 보긴 봤고, 뭘 듣긴 들었는데 그것이 뭔지를 모르는 것이다. 도대체 왜 그럴까?

그것은 우리가 선택적으로 주의를 기울이기 때문이다. 지금 있는 곳에서 여러분들이 주위를 한번 둘러보기만 해도 엄청난 양의 사물들이 눈과 귀 등으로 들어온다. 감각기억은 그런 정보를 잠시 보관하는 창고의 역할을 하며, 우리는 그 창고에서 의미 있는 것을 선택적으로 끄집어내어 활용한다.

* | **이중기억이론** | 한정된 용량을 갖는 단기기억과 거의 무한정한 장기기억으로 기억이 구성되어 있다는 것이 이중기억이론(dual-memory theory)이다. 이 이론에서는 감각기억을 기억의 한 종류로 다루지 않는다.

감각기억의 발견 - 심리학 방법론의 쾌거

이러한 감각기억을 어떻게 발견할 수 있었을까? 아주 짧은 순간 스쳐 지나가는 기억을 어떻게 찾아낼 수 있었을까?

감각기억은 스펄링(George Sperling)이라는 심리학자가 찾아낸 것이다. 그는 당시 하버드 대학교에서 박사학위 논문을 준비하고 있었는데, 그 과제는 이해의 범위라는 것을 측정하는 것이었다. 즉, 단 한 번의 짧은 노출(보여주는 것)에서 사람들이 얼마나 많은 항목을 기억할 수 있는가에 관한 것이었다.

그는 피험자(실험참가자)들에게 문자 행렬을 50msec 동안 보여주었다. 1msec는 1,000분의 1초에 해당하므로 50msec는 20분의 1초가 된다. 일반적으로 사람들이 주위를 둘러보거나 책을 읽을 때에는 눈이 응시하는 지점을 바꾸게 되는데, 정상적인 경우라면 1초에 세 번 내지 다섯 번 응시점을 바꾼다. 따라서 1초에 다섯 번 바꾼다고 한다면 한 응시점에서 다른 응시점으로 이동하는 데 걸리는 시간은 200msec, 즉 0.2초이다. 실험에 사용된 50msec는 시선을 옮기는 시간보다 훨씬 더 짧은 시간인 것이다.

항목을 짧은 순간 보여주기 위해서는 순간노출기라는 것을 이용한다. 순간노출기란 정해진 시간만큼만 열렸다가 그 시간이 지나면 닫혀 버리는 장치이다. 순간노출기에 달린 물안경 같은 곳에 눈을 대고 있으면 잠시 깜깜하다가 '十'자 등으로 된 응시점이 나타난 직후 그 자리에 순간적으로 글자나 그림이 있는 밝은 화면을 보게 된다 — 안경원에서 시력 측정을 하기 위해 두 눈을 갖다대는 기계를 생각해 보라. 디지털 카메라가 아닌 필름 카메라를 생각하면 이해가 쉽다. 필름 카메라는 미리 맞춰놓은 속도만큼 셔터가 열리게 되는데, 필름 덮개를 열고 셔터 가까이에 눈을 댄 후 셔터를 누르면 순간적으로 셔터가 열리면서 렌즈를 통해 앞에 놓인 광경을 볼 수 있다. 이때 셔터속도가 느리다면, 가령 30분의 1초 혹은 60분의 1초라면 카메라 앞의 광경을 어느 정도 볼 수 있다. 하지만 그보다 빠른 셔터속도, 가령 125분의 1초 혹은 250분의 1초에서는 뭔가 휙 지나간 것처럼 보이고 더 빠른 속도, 가령 500분의 1초 혹은 1,000분의 1초에서는 셔터가 열렸는지조차 모를 정도로 아무런 변화가 없음을 느낄 것이다.

50msec라는 짧은 시간 동안 그가 실험에서 피험자에게 보여준 단어의 목록은 다음의 그림과 같은 것이었다. 단어 목록의 개수는 달랐다 ― 아래에는 12개가 제시되어 있다.

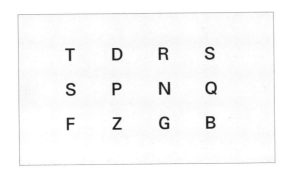

50msec라는 짧은 시간 동안 위와 같은 항목을 제시했을 때 피험자들이 해야 할 일은 자기가 본 항목을 '모두' 실험자에게 보고하는 것이

었다 — 이러한 방법을 전체보고법이라고 한다. 피험자들은 제시된 항목이 4개 이하라면 쉽게 그 항목이 무엇인지를 보고할 수 있었다. 하지만 더 많은 것이 한꺼번에 노출되었을 때에는 넷 혹은 다섯 개보다 더 많은 항목을 정확하게 보고할 수가 없었다. 즉 위의 목록처럼 12개가 제시되든 6개가 제시되든 다섯 항목 이상은 보고할 수가 없었던 것이다. 하지만 피험자들은 더 많은 항목을 보았다는 것은 알고 있었다.

이에 관심을 가진 실험자는 실험절차를 바꾸어 위와 같은 문자 행렬을 보여준 직후 세 개의 음조(고, 중, 저)를 들려주었다. 고음이 들리면 피험자들은 첫째 행을 보고하고, 중간음이 들리면 중간 행을, 그리고 저음이 들리면 아래 행을 보고하게 했다 — 이러한 방법을 부분보고법이라고 한다. 그랬더니 거의 3/4 수준으로 맞추는 것이었다. 즉 고음을 들려주었을 때에는 첫째 행에서 4항목 중 3항목을 보고했고, 중간음을 들려주었을 때에는 중간 행에서 3항목을 보고했으며, 저음을 들려주었을 때에는 아래 행에서 3항목을 보고했다. 총 12개 중에서 9개를 보고할 수 있었던 것이다.

네 항목 이상 제시되었을 때, 전부를 한꺼번에 보고하게 한 경우에는 4~5개를 넘어서지 못했지만, 보고해야 할 부분을 지정했을 때에는 거의 대부분을 보고할 수 있었다. 결론적으로 12개 항목이 제시되더라도 그중 3/4을 기억 속에 저장하고 있었지만 — 물론 아주 짧은 시간 동안 — 순간적으로 사라져버리기 때문에 전체보고에서는 대답을 하지 못했던 것이다. 하지만 보고해야 할 행을 음을 통해 정해 주었을 때에는 피험자들이 성공적으로 단어 목록을 보고할 수 있었다.

스펄링의 감각기억에 관한 실험방법

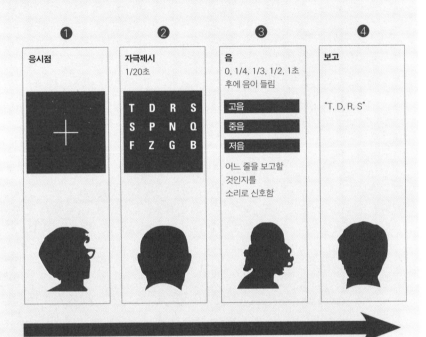

❶ 응시점	❷ 자극제시 1/20초	❸ 음 0, 1/4, 1/3, 1/2, 1초 후에 음이 들림	❹ 보고
+	T D R S S P N Q F Z G B	고음 중음 저음 어느 줄을 보고할 것인지를 소리로 신호함	"T, D, R, S"

❶ 피험자가 응시점(+)에 눈을 고정시키고 있으면 ❷ 화면이 바뀌면서 낱자로 구성된 실험자극이 순간적으로(1/20초 동안) 나타났다가 사라진다. 그런 다음 ❸ 그 직후(0) 혹은 1/4, 1/3, 1/2, 1초 후에 고, 중, 저음을 들려주어 세 행 중 어느 행을 보고해야 할 것인지 알려준다. ❹ 이 그림에서는 고음이 나왔음을 알 수 있다. 따라서 피험자는 첫째 행의 단어를 보고한다. 자극이 사라지자마자 신호음이 제시되면 감각저장고의 정보가 선명하기 때문에 많은 낱자를 기억할 수 있지만, 시간이 지남에 따라 선명도는 떨어지고 결국 낱자를 인식하기가 어려워진다. 신호음의 제시가 1초 이상 되면 피험자들은 더 이상 감각저장고를 사용할 수 없었다.

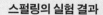

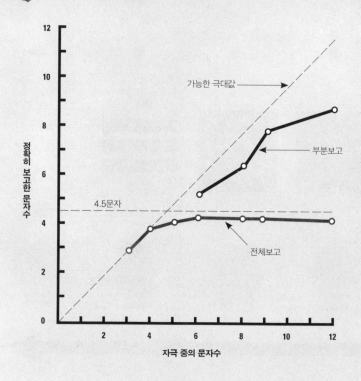

전체보고와 부분보고 기법을 사용했을 때 피험자들이 보고한 문자의 수.
자극 중의 문자수가 3, 4개였다면 전부 보고할 수 있었지만 5개가 넘어가면
전체보고에서는 4.5개를 넘어서지 못했다. 하지만 부분보고에서는 자극의
낱자가 12개가 제시되었을 경우 9개까지 맞출 수 있었다.

여기서 신호음 제시를 1초 이상 늦춰 제시했을 때에는 부분보고법
에서의 수행수준이 전체보고법의 수행과 비슷했다. 스펄링은 이러한

현상을 설명하기 위해 감각저장고(sensory register)라는 개념을 제안했다. 즉 신호음이 들리면 피험자들은 감각저장고 안에 보고해야 할 행에만 주의를 기울여 그 행에 있는 낱자를 확인하려 한다.

하지만 감각저장고에 저장되어 있는 정보는 재빨리 사라져버린다. 그렇기 때문에 그 행의 낱자를 성공적으로 보고할 수 있는지의 여부는 신호음이 제시된 순간에 감각저장고에 남아 있는 정보가 얼마나 선명한가에 달려 있다. 자극이 사라지자마자 신호음이 제시되면 감각저장고의 정보가 선명하기 때문에 많은 낱자를 기억할 수 있지만, 시간이 지남에 따라 선명도는 떨어지고 결국 낱자를 인식하기가 어려워진다. 신호음의 제시가 1초 이상 되면 피험자들은 더 이상 감각저장고를 사용할 수 없었다. 바로 여기에서 짧은 시간 동안 대부분의 감각재료를 기억할 수 있는 감각기억이 발견된 것이다. 심리학 방법론의 쾌거라 하지 않을 수 없다.

이러한 감각기억은 시각에만 해당되는 것은 아니다. 청각에도 감각기억이 있다. 가장 대표적인 것이 칵테일 파티 현상이다.

칵테일 파티 현상 - 청각의 감각기억

제대로 걸어다닐 수도 없는 만원의 파티장은 사람들의 이야기 소리와 음악소리 등으로 시끄럽다. 하지만 어디에선가 자기의 이름이 들리면 그쪽으로 고개를 돌리게 된다. 이러한 현상을 칵테일 파티 현상(cocktail party phenomenon)이라고 한다.*

이와 비슷하게 여러분들은 번화가를 걷다가 자기 이름이 들리는 것 같아 그쪽으로 고개를 돌려보거나, 아니면 시장에서 자기가 사고자 하는 물품의 이름이 들렸을 때 그 쪽으로 고개를 돌려본 경험이 있을 것이다. 번화가든 시장이든 이런 곳은 원래 시끄럽게 마련이다. 자동차 소리라든가 가게 음악소리, 상인의 호객소리 등 온갖 소리들이 귀로 들어온다. 하지만 그런 소리는 우리 귀에 들어오지만 들리지 않고 우리 이름이나 사고싶은 물건 이름처럼 우리에게 의미가 있는 것이면 들리게 되므로 우리가 고개를 돌려보는 것이다.

하지만 이런 의미 있는 소리가 다른 소리에 비해 물리적으로 큰 것도 아니다. 또 우리가 다른 시끄러운 소리를 못 듣는 것도 아니다. 그 의미 없는 소리들은 우리의 감각기억에 잠시 동안 저장되어 있다가 사라져 버린 것이다. 그러나 그 소리에 섞인 자신의 이름처럼 의미가 있는 것은 들리게 된다. 마치 쓰레기장 사례에서 쓸 만한 제품이 눈에 번뜩 띄는 것과 같다.

*| **칵테일 파티 현상** | 청각 시스템의 감각기억을 반향기억(echoic memory)이라고 한다. 실생활에서 자주 경험하는 현상이다. 가령 여러분이 책을 보거나 TV를 시청하는 것처럼 어떤 일에 몰두해 있을 때 옆에 있던 친구가 어떤 말을 건넸다고 하자. 아마 여러분은 "뭐라고?"라 하면서 응답할 것이다. 친구가 무슨 말을 했다는 것을 알지만 그 내용은 모르는 것이다. 하지만 "뭐라고?"라는 말을 하는 순간 그 내용을 명확히 '듣게'되는 경우가 있다. 여러분이 들은 것이 바로 반향기억이다.

● 증명

이를 증명하기 위해 모레이(N. Moray) 등의 심리학자들은 "네 개의 귀를 가진 사람"이라고 부른 실험에서 스펄링의 실험과 비슷하게 상황을 만들었다. 즉 네 개의 확성기를 방안의 각기 다른 장소에 놓았다. 각 확성기는 음을 구별할 수 있을 만큼 충분히 떨어져 있었다. 피험자들은 확성기에서 나오는 음을 모두 보고해야 했다. 가령 확성기 1에서 e, 확성기 2에서는 k, 확성기 3에서는 i, 확성기 4에서는 t가 동시에 흘러나왔다. 이러한 전체보고 조건에서 피험자들은 많이 보고할 수 없었다. 하지만 모레이는 스펄링의 실험에서처럼 확성기에서 음을 보낸 직후 그 중 한 확성기에 불빛으로 신호를 해서 그 확성기에서 나오는 음만 보고하게 했다. 그랬더니 피험자들은 들은 음을 거의 정확하게 보고할 수 있었다. 하지만 시간 간격을 두고 불빛 신호를 했을 때에는 전체보고 조건과 다를 바가 없었다.

이 실험에서 여러 확성기의 음이 주위의 소음이라면 불빛이 나타나는 확성기는 그쪽에만 주의를 기울이게 하는 단서가 된다. 불빛은 칵테일 파티 현상으로 말하면 소음 속에서의 자기 이름과 같은 역할을 하는 것이다. 그렇기 때문에 많은 소음 속에서도 자기 이름이라는 '불빛'이 비춰지면 우리가 알아듣게 되는 것이다.

이러한 것은 시각이나 청각뿐만 아니라 후각이라든가 미각, 촉각 등에도 해당된다. 가령 어느 순간 어떤 냄새에 주의를 기울이게 되었다고 하자. 그러면 냄새가 나기 시작한 순간부터 우리가 느꼈을 수도 있고, 또는 냄새가 계속 있어왔지만 어느 순간에 우리가 느꼈을 수도 있다. 전자의 경우라면 곧바로 우리의 주의가 발동했지만, 후자의 경우라면 한동안 우리의 주의가 발동하지 못한 것이다.

이처럼 우리가 알지 못하는 순간에도 수많은 자극들이 우리의 감각기억에 잠시 머물다 사라진다. 그 과정에서 우리의 주의를 받는 것은 좀 더 처리가 되도록 단기기억에 들어오게 되지만, 그렇지 않은 것은 곧비로 시라진다.

그러면 왜 우리는 모든 자극에 주의를 기울이지 못하는 것일까?

주의에 주의하라 - 기억의 시작

우리의 감각기억에 들어오는 엄청난 양의 외부자극은 아주 잠시 동안 머물다 사라진다. 하지만 우리는 그 짧은 시간 동안에도 우리에게 의미가 있는 것을 골라 그것을 처리한다. 그래서 시끄럽더라도 우리는 다른 사람이 우리 이름을 부르면 뒤돌아보고, 한눈 팔다가도 다른 사람과 부딪치기 직전에 용케 피할 수 있는 것이다.

하지만 우리가 TV에 빠져 있을 때는 옆에서 누군가 부르더라도 의식하지 못하는 경우가 있다. 계산을 하든가 어려운 문제풀이를 하고 있을 때 옆에서 말을 붙이면 짜증이 나기도 한다. 한 곳에 주의를 집중하다 보니 다른 곳에는 주의(attention)를 기울이지 못하기 때문이다. 즉 우리의 주의용량은 제한되어 있다.*

주의용량의 제한 때문에 우리는 외부의 모든 자극에 일일이 대응할 수가 없다. 만약 우리의 주의용량이 무한하여 일일이 대응을 할 수 있다면 우리 머릿속의 인지체계는 엄청난 부담에 시달리게 될 것이다. 우리에게 필요없는 것까지 주의를 해야 하기 때문이다. 그러므로 우리

입장에서는 정말 다행한 일이 아닐 수 없다.

대신 우리는 제한된 용량의 주의를 적절히 관리하면서 외부자극에 대응한다. 필요한 곳에 필요한 만큼의 주의를 배분하는 것이다. 그래서 어려운 문제풀이 같이 모든 주의를 집중시켜야 할 때에는 주의를 많이 보내고, 별로 주의하지 않아도 되는 곳에는 적은 주의만으로도 성공적으로 일을 수행한다.

이런 주의는 관심을 가지는 대상에 따라 다르고 사람마다 다르게 나타난다. 신붓감을 찾아 길거리를 헤매는 노총각의 눈엔 아버지가 지나가도 보이지 않고, 프로야구 선수의 타율을 꼼꼼히 계산해 내는 학생도 수학에는 '젬병'일 수 있다. 동기가 주의의 방향을 결정하기 때문이다. 그래서 사람들은 보고 싶은 것을 보고 듣고 싶은 것을 듣는다. 그 때문에 똑같은 것을 보고도 기억이 다르다. 차를 타고 가다가 방금 스크린에서 튀어나온 듯한 멋진 여성이 길을 가고 있는 것을 같이 보고도, 누구의 머리엔 쭉 뻗은 다리만 선명히 남았는데 또 누구는 눈에 멋진 허리선밖에 들어오지 않았다고 한다.

* | **주의용량의 제한** | 우리가 모든 것에 주의를 기울이지 못하는 이유에 대한 설명 중 단순한 설명으로 병목이론과 용량이론이 있다. 병목이론은 들어오는 자극들의 병목현상 때문에 모든 자극을 처리하지 못해 주의를 기울이지 못한다고 설명하는 것이고, 용량이론은 우리의 용량이 제한되어 있어 모든 것에 주의를 기울이지 못하지만 용량에 약간의 여유가 생기면 다른 자극에도 주의를 줄 수가 있다는 것이다. 어떤 것에 익숙해지면 전혀 의식하지 않아도 성공적으로 어떤 일을 수행할 수 있다. 이것이 다음에서 보게 될 자동적 처리(자동화된 행동)이다.

● 주의집중과 자동화된 행동

실생활에서는 주의를 집중시켜야

될 때가 많다. 학교 강의실에서, 시장에서, 누군가와의 첫만남에서 주의를 끌고 집중시키려 한다. 그래야 원활한 수업과 흥정, 애프터 신청 등과 같은 다음 단계가 진행될 수 있기 때문이다. 또 클래식 음악을 좋아하는 사람은 눈을 감고 음악을 들을 때가 많다. 이것은 시각을 차단시켜 청각에 더 주의를 기울이려는 행동이다. 주의는 특히 광고에서 대접을 받는데, 모든 광고의 첫 목적이 주의를 끄는 것이기 때문이다.[*]

하지만 주의를 거의 하지 않아도 성공적으로 수행할 수 있는 행동이 있다. 바로 자동화된 행동[**]이다. 자동화된 행동은 걷는 것이라든가 자전거 타는 것처럼 처음 배울 때에는 엄청난 주의를 요하는 사건이었지만, 숙달됨으로 인해서 더 이상 주의가 필요없게 된 행동이다. 이런 행동은 아래에서 보듯이 의식하면 오히려 부작용이 나타나기도 한다.

긴 수염을 기르고 있는 할아버지가 있었다. 한 꼬마가 할아버지가 잠을 잘 때 수염을 이불 밑에 넣고 자는지 아니면 이불 바깥으로 빼내고 자는지 궁금했다. 하루는 할아버지에게 직접 물어보았다.

꼬마의 질문을 들은 할아버지는 대답을 해줄 수가 없었다. 할아버지도 당신이 수염을 어떻게 하고 자는지 생각이 나지 않았기 때문이다. 결국 할아버지는 하룻밤을 자 보고 다음날 대답을 해주겠노라고 답했다.

다음날에도 할아버지는 대답을 해주지 못했다. 왜냐하면 할아버지는 당신이 수염을 이불 바깥으로 빼고 자는지 이불 속으로 넣고 자는지 알기 위해 이렇게 저렇게 해보느라 한숨도 못 잤기 때문이다.

또 한편, 자극이 계속 유입되더라도 우리가 알아채지 못하는 것이 있다. 너무나 당연한 것으로 생각되어 우리가 거의 주의를 기울이지 않기 때문이다. 이러한 것은 오히려 그 자극이 사라졌을 때 주의를 기울이게 된다. 가령 시계가 째깍째깍 하면서 흘러갈 때에는 시계소리를 의식하지 못한다. 하지만 어느 순간 이 시계가 섰을 때 비로소 우리는 시계가 더 이상 작동하지 않는다는 것을 깨닫게 된다. 또 수백 페이지에 달하는 문서를 프린트할 때 프린터 돌아가는 소리가 요란하게 난다. 그런 순간에도 우리는 그것을 의식하지 못한 채 어디론가 전화를 걸거나 옆 사람과 대화를 나눌 수 있다. 하지만 어느 순간 용지 부족이나 걸림 등의 이유로 더 이상 프린터 소리가 들리지 않으면 오히려 그것을 더 잘 의식하게 된다.

실제로 1970년대 시카고에서 해프닝이 벌어졌다. 시끄러운 고가철도가 운행정지되는 일이 일어났을 때 시카고 경찰은 주민들로부터 "이상하다"거나 "묘한 일이 밤 동안 발생했다"는 전화를 많이 받은 적이 있었다. 그런 것 때문에 주민들은 자

---

* | **광고** | 광고에는 AIDMA 모델이라는 것이 있는데, 이는 주의(Attention)를 기울이게 하면 관심(Interest)이 생기게 되고, 그러면 살 욕구(Desire)가 생기며, 이를 기억(Memory)해 두었다가 산다(Action)는 것이다.

** | **자동화된 행동** | 어떤 일에 익숙해지면 거기에 사용하는 주의의 정도가 엄청날 정도로 줄어버리는 경우를 볼 수 있다. 즉 최소한의 주의용량으로도 탁월하게 그 일을 수행하는 것이다. 이것을 자동적 처리(자동화된 행동)라고 한다. 자동적 처리의 사례는 많은 분야에서 찾아볼 수 있다. 처음 여러분들이 걸음을 시작할 당시에는 넘어지지 않기 위해 부모님의 손을 잡거나 책상과 같은 주위의 사물을 잡고 걸음마를 시작했지만 지금은 아무런 의식도 없이 일어나 넘어지지 않으면서 걸어다닐 수 있다. 글을 읽는 것이라든가 글씨를 쓰는 것 등도 처음에는 엄청난 주의를 요하는 사건이었지만, 지금은 거의 주의를 기울이지 않아도 되는 일이 되어 버렸다. 오히려 의식하면 일이 꼬이고 더욱 혼동되는 사태가 발생하기도 한다. 멋지게 걸어야겠다고 생각하면서 걸음걸이에 주의를 한번 기울여 보라. 잘 걸어지는가?

다가 깨긴 했지만 그것이 무엇이었는지는 알 수 없었다. 하지만 열차가 운행중이었다면 그 소동이 벌어진 시간이 열차가 통과했을 시간과 일치하는 것을 나중에 알 수 있었다. 결국 시카고의 주민들도 늘 듣던 열차 소리에 무심해 있다가 어느 날 열차의 운행이 중단되니 마치 째깍이는 시계가 선 것처럼 그들이 그동안 무시해왔던 것이 더 이상 없자 그것을 갑자기 의식하게 되어 벌어진 사건이었다.

자동화된 행동에는 이처럼 주의를 기울이지 않는다. 하지만 이를 의식하는 순간에는 오히려 이상함을 느끼게 된다. 항상 문을 잠그고 외출하는 여러분이 집을 나서서 골목길에 들어선 순간 문을 잠갔는지 아닌지 모를 때가 있다. 하지만 되돌아가서 확인해 보면 잠겨 있었을 것이다. 이처럼 주의를 기울이지 않아도 되는 자동화된 행동 때문에 가끔 기억은 혼란을 겪는다.

● 부주의와 주의분산

이처럼 자동화된 행동에도 주의를 기울이지 않지만, 다른 할 일이 없어 우리의 주의용량이 남아도는 경우가 있다. 그래서 현재 하는 일과 무관한 생각에 빠져들기도 한다. 바로 딴생각이라고 하는 잡념이다. 사람들은 자신도 모르는 사이에 잡념에 빠져든다. 노스캐롤라이나 대학에서 학생들을 대상으로 매일 8번에 걸쳐 '지금 무슨 생각을 하는지' 일주일 동안 체크했더니, 평균적으로 30%의 시간 동안 딴 생각을 하고 있었다. 심한 경우는 80~90% 딴 생각을 하다 '걸린' 학생들도 있었고, 한 명의 학생만이 단 한 번도 잡념에 빠지지 않았다고 답했다.

또 캐나다의 한 대학에서도 책을 읽는 동안 얼마나 딴생각을 하는지 연구한 적이 있다. 실험 대상자들에게 『전쟁과 평화』 등을 읽게 하고 딴생각이 들면 버튼을 누르도록 했는데, 20~30% 정도 딴생각을 하는 것으로 나타났다. 물론 자신이 잡념에 빠졌다는 사실을 알지 못하는 경우도 허다했다는 것을 보면 책 읽는 중에도 딴생각을 한 비율은 더 높을 것으로 추정된다. 이 책을 읽고 있는 여러분도 지금 혹시 딴생각을 하고 있지 않은가?

이러한 딴생각은 대개 집중력 부족 때문에 나타나 사람들을 불편하고 애타게 만들기도 하지만, 우리의 주의용량이 남아돌기 때문에 가능한 것이기도 하다. 주의용량이 남아돌 때의 딴생각은 심리학자들에 의하면 대부분은 해가 없고 때로는 이롭기도 하다고 한다. 잡념은 창의성을 자극하기 때문이다. 아무런 제한이나 한계도 없이, 뚜렷한 목적이나 이유도 없이 생각이 이리저리 떠돌다 보면 뭔가 번쩍이는 아이디어가 나올 수 있다. 따라서 그런 상황은 창의적 생각을 위한 최적의 조건이 될 수 있는 것이다.

하지만 주의를 기울여야 함에도 기울이지 않는 경우가 있다. 수업시간에 다른 과목의 공부를 하는 것이 그러하다. 그렇다 하여 성적이 오르는 것은 아니다. 들키지 않도록 선생님에게도 신경을 써야 하고 다른 과목 공부에도 신경을 써야 한다. 그러다 보면 어느 한 군데에도 집중을 하지 못하게 된다. 그래서 이런 학생들 대부분은 꼴찌가 많다.

또 이런 부주의는 생각지도 않은 대형사건을 만들기도 한다. 대형 통유리 문에 부딪치거나 부딪칠 뻔한 경험이 없는가? 비록 대형 통유리에 스티커나 로고 등이 붙어 있지 않아도 약간만 신경 쓰면 그것이 유리문이라는 것을 알 수 있다. 그런데도 사람들은 통유리를 보지 못하고 사고를 당한다. 이 역시 어느 한 곳에 주의를 집중하고 있어서 그 주변에 일어나는 일이나 사물이 눈에 들어오지 않기 때문이다. 실제 미국 일리노이 대학의 연구팀은 실험 참가자들에게 농구를 하는 비디오를 보여주면서 한 팀의 사람들이 볼을 몇 번 패스하는지, 볼이 몇 번 튀는지 등을 세라고 주문했다. 그 비디오에는 고릴라 복장을 한 사람과 우산을 든 사람이 농구를 하는 사람들 틈을 헤집고 지나가거나 서성거리는 장면이 있었다. 그리하여 나중에 고릴라 복장과 우산을 든 사람을 보았는지 물어보았다. 그 결과, 실험 참가자의 절반 정도인 46%만이 고릴라와 우산을 든 사람의 존재를 알아차렸다. 실험 참가자들은 패스와 볼이 튀는 횟수를 세는 데 집중하다 절반 이상이 그 외의 것에 신경을 쓰지 못한 것이다.

휴대전화 사용도 마찬가지이다. 휴대전화가 위험한 것도 이처럼 주의를 분산시키기 때문이다. 그래서 휴대폰으로 전화를 하면서 걷다가 무엇엔가 부딪치거나 발을 헛디뎌 사고가 날 뻔한 경험을 누구든 갖고 있을 것이다. 또 운전 중에 전화를 하게 되면 통화에 주의가 집중되어 운전능력이 심각하게 훼손된다.* 신호등을 보고도 머릿속에서 처리를 하지 못하게 되고, 빠져야 할 인터체인지를 그냥 지나쳐버린다. 핸즈프리조차 같은 이유로 위험하기는 매한가지이다. 이런 것 때문에 대부분의 나라에서는 운전 중 휴대전화 사용을 금지하고 있다. 옆 사람과 대화를 하면서 운전하는 것은 그나마 나은 편이다. 옆 사람은 운전자에 대한 배려나 이해가 있다. 그래서 운전자가 운전에 신경 써야 할 시점에서는 말을 삼가고 주의를 환기시킨다. 하지만 운전 중 전화통화를 할 때에는 수화기 건너편의 상대방은 이런 배려가 없다.

많은 사람들이 운전 중 휴대폰 사용을 자신만만하게 생각하고 있지만, 미국에서는 운전 중 휴대전화 사용으로 인한 교통사고 때문에 매년 2,600여 명이 사망하고 1만 2,000여 명이 부상을 입는다. 많은 사람들이 걱정하는 휴대폰 전자파는 이에 비하면 아무것도 아닌 것이다.

한편으로는 주의를 분산시킴으로써 효과를 보기도 한다. 가령 TV 프로그램 중에는 출연자들로 하여금 간단한 문제를 풀게 하면서 지폐를 세도록 하는 게임이 있다. 문제도 어렵지 않아 쉽게 풀 수 있는 것이고, 지폐 세는 것도 어려운 일이 아니다. 한 가지씩 하면 성공적으로 해낼 수 있는 간단한 일이지만, 이 두 가지를 함께 할 때에는 잘 되지 않는다. 문제에 집중하면 지폐의 숫자가 틀리고, 지폐 세는 것에 집중하면 간단한 문제지만 풀 수가 없다. 보는 사람은 출연한 인기인의 엉뚱한 행동을 재미있어 하지만, 그것은 당연한 현상이다.

또 판매현장에서는 주의를 분산시키기 위해 애쓴다. 주의를 분산시키면 설득에 대한 저항을 그만큼 집중적으로 하지 못해 설득효과가 커지기 때문이다. 백화점 점원 아가씨가 예쁘면 제품으로 가야 할 신경이

* │ 운전 중 휴대폰 통화 │ 운전 중 휴대폰 통화가 위험한 것은 이런 이유 외에도 통화 내용이 눈앞에서 심상(이미지)으로 떠올라 시야를 흐리게 하기 때문이라는 설명도 있다. 가령 우리가 라디오로 스포츠 중계를 들으면 경기 내용이 눈앞에 생생하게 떠오른다. 이러한 것이 운전 중에 휴대폰으로 통화할 때에도 적용된다는 것이다. (제5장의 '이미지를 활용하라' 부분 참조)

자꾸 옆으로 샌다. 그래서 아이쇼핑을 하러 갔다가도 카드를 밀게 되고 거금을 들이게 된다. 또 세일즈맨들은 제품을 소개하다가도 날씨나 TV 드라마로 화제를 돌려 우리를 헷갈리게 한다. 저항의 집중도를 떨어뜨려 우리를 쉽게 공략하기 위해서다. 필요한 제품이라면 크게 상관은 없지만 필요없는 제품이라면 이때 특히 긴장의 고삐를 늦추지 말아야 한다. 없는 살림에 잘못 구입했다간 나중에 꼭 필요한 것을 내다팔아야 할지도 모른다.

잠재의식광고 - 감각기억의 활용

TV의 한 프로그램이 끝나고 제작진의 역할과 이름이 자막으로 올라갈 때 읽기 힘들 정도로 빠르게 올라가는 것을 본 적이 있을 것이다. 이 것은 주로 쇼프로 등과 같은 예능 프로그램에서 많이 보인다. 어떤 때에는 "한 번 읽어보려면 읽어봐라"는 식으로 들려 시청자를 우롱하는 것처럼 보이기도 한다. 물론 이러한 것은 프로그램의 내용에 맞게 긴박감이나 속도감을 유지한다든가 제작진이 많아서 그렇게 하기도 하겠지만, 우리에게는 감각기억이란 것이 있기 때문에 그런 빠른 자막을 모두 볼 수 있을 것이란 가정도 물론 깔려 있다.

이처럼 감각기억은 외부에서 들어오는 자극을 잠시 동안, 아주 잠시 동안 보관하면서 우리에게 필요한 것에 주의를 기울이게 한다.

감각기억을 광고에 이용하는 것이 바로 잠재의식광고이다. 영화 화면에 나타나는 1초 동안의 동작은 24개 프레임에 이르는 필름들의 연속 영상으로 이루어진다. 그래서 한 개 프레임에 콜라 사진을 슬쩍 집어넣더라도 의식적으로 분간해 낼 수가 없다. 설사 남보다 훨씬 예민한 사람, 예컨대 영화『레인맨』*의 주인공인 레이먼드(더스틴 호프만 분)가 있다 하더라도 영화에 집중해 있으면 잘 보이지 않는다. 그러나 영화관 매점의 콜라 판매량이 보통 때보다 늘어난다. 감각기억이 '폼'으로 있는 것이 아니란 이야기다.

이것이 잠재의식광고이다. 잠재의식광고는 CF의 장면과 장면 사이에 사람의 눈으로는 인식할 수 없는 또 다른 '숨겨진 메시지'를 포함하고 있다. 1950년대 후반 미국에서 등장했던 이 광고는 누드사진이나 마약, 죽음을 상징하는 해골 등 자극적인 장면을 교묘하게 광고 속에 끼워 넣거나, 눈에 잘 띄지 않을 정도로 작고 자극적인 글자를 적어 넣는 방법을 사용한다. 이런 광고는 무의식적으로 혹은 감각기억적으로 그 제품

* | 『레인맨』 | 영화에서는 뛰어난 감각기억의 소유자가 등장하기도 한다. 대표적인 사례가 『레인맨』(Rain man)이다. 이 영화에서 형의 역할을 맡은 더스틴 호프만은 떨어지는 성냥통 속의 성냥개비 개수를 정확히 맞추었다. 실제로 떨어진 성냥개비를 세던 동생이 몇 개가 부족하다 하자 호프만은 성냥통 속에 남아 있다고 말한다. 대단한 감각기억이 아닐 수 없다. 이러한 사람을 이디오사방(idiot savant)이라고 한다. 이디오사방은 어떤 한 분야에서는 아주 뛰어나지만 다른 분야에서는 두드러지게 능력이 부족한 정신발육 지체자를 이르는 의학용어이다.

에 대한 주목률을 높여 결국 구매욕구를 높이게 된다.

2006년 초 타계한 세계적인 비디오 예술가 백남준 씨가 몇 년 전 만든 사이다 광고에서는 우리나라 현대사의 장면들이 순식간에 현란하게 지나간다. 그는 이 속에다 우리의 눈에 보이지 않게 그 회사의 사이다 사진을 두어 컷 집어넣었으나 방영 전에 빼내야 했다. 잠재의식광고는 우리 나라에서는 허용되지 않기 때문이다. 물론 이것은 심의관들이 백씨의 광고가 주로 잠재의식광고라는 사실을 미리 알고 심의과정에서 필름을 한 컷, 한 컷 살피다가 '잡아낸' 것이다.

● 찰나의 메커니즘

이제 주의를 돌려 다시 감각기억으로 돌아오자. 앞서 이야기한 감각기억의 특성 때문에 스쳐지나간 이성이 멋진지 아닌지 순식간에 알아차릴 수 있다. 그래서 멋진 이성이라면 다시 한번 고개를 돌려보고 싶어진다. 흘끗 본 어떤 사람이 이유 없이 미워지기도 한다. 아마도 전에 크게 다퉜던 사람과 닮았기 때문일 것이다. 그 짧은 시간만 지나면 잊혀지지만, 찰나의 판단이 우리의 행동에 영향을 미치는 것이다.

실제로 미국 프린스턴 대학에서 행해진 실험을 보면, 유권자가 선호하는 후보를 선택하는 데 걸리는 시간은 4분의 1초에 불과했고 그 이상의 추가시간은 자신의 판단에 대한 확신을 증가시키는 역할을 했다. 그 실험에서 연구팀은 대학생 100여 명을 모집해 과거 주지사나 상원의원 선거에 출마했던 후보들 중 실제 당선자와 경쟁자의 사진을

100msec(0.1초)와 250msec(0.25초), 2초간 보여 주고 누가 더 적임자인지 선택하게 했다.

실험 결과 참가자들은 경쟁자보다 당선자가 적임자라고 판단하는 경향이 더 높았다. 후보에 대한 다른 정보 없이 단지 사진만 보고 선택한 결과가 실제 선거 결과와 맞아떨어진 것이다. 특히 4분의 1초 동안 사진을 봤을 때 당선자를 선택한 비율이 67% 이상으로 가장 높았다. 특정 정당에 대한 선호도가 매우 높은 유권자가 아니라면 흘낏 본 후보자의 인상이 판단에 적지 않은 영향을 줄 수 있다는 것이다.

심지어 인간은 0.013초라는 짧은 시간에 이성이 잘생겼는지 아닌지를 알아차린다고 하는 연구 결과도 있다. 일반적으로 어떤 대상을 바라볼 때 '얼굴이다' 또는 '그림이다'고 이성적으로 인식하는 시간은 0.2초로 알려져 있다. 상대에 대한 호감, 즉 감성은 이보다 훨씬 빠른 시간에 발생하는 셈이다.

이러한 감각기억은 우리가 외부 세계를 지각하게 되는 첫 출발점이다. 그리고 감각기억은 생존을 위해서 특히 필요하다. 뭔지는 모르지만 자기쪽으로 이상한 물체가 날아오고 있는 것을 순간적으로 직감했다면 빨리 자리를 피해야 보신할 수 있다. 개고기 백 번 먹는 것과 비할 바가 못된다. 자다가 부시럭거리는 소리를 들었다고 생각되면 무슨 소린지 몰라도 집안을 한 번 둘러보는 게 좀도둑을 막는 길이다. 또 집이 무너질 조짐의 소리일 수도 있고 아이의 신음소리일 수도 있다. 특히 목숨이 오가는 전쟁터에서는 감각기억을 믿어야 한다. 그래야 환갑잔치에서 손주의 재롱을 볼 수 있다.

03

단기기억
(Short-term Memory)

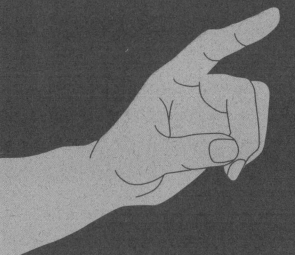

"우리가 한 번에 생각할 수 있는 아이디어의 수도 7 내외이고
어떤 사람에 대한 첫인상도 7 내외가 나온다.
7 내외는 단기기억의 용량을 나타낸다.

앞서 본 우리의 감각기억에는 엄청나게 많은 자극이 들어온다. 이런 것들은 아주 순식간에 기억에서 사라져 버린다. 하지만 우리가 그 중 몇몇에 주의를 기울이면 그것들은 우리 머릿속에 머물게 되는데, 이것이 바로 단기기억(short-term memory)이다. 단기기억은 또한 다음에 보게 될 장기기억(머릿속에 저장된 기억)으로부터 정보를 가져와 처리하기도 한다. 즉 외부로부터 새로 들어온 자극이든 머릿속에 저장된 기억을 가져와 떠올리는 것이든 간에 현재 머릿속에서 생각하고 있는 것이 단기기억이다 — 27쪽의 기억 단계 모형을 생각해 보라.

컴퓨터와 비교하면 이해가 쉽다. 현재 여러분이 화면상에서 작업하고 있는 것이 단기기억이다. 이것은 여러분이 처음으로 입력하는 글이나 사진일 수 있고, 하드디스크(장기기억)에 저장된 자료를 불러와서 작업하는 것일 수도 있다. 앞의 것이 외부에서 들어온 자극이라면 뒤의 것은 장기기억에서 끄집어낸 자극이다. 어디에서 가져왔든 간에 화면에서 현재 작업중이라면 그것이 단기기억이다.

실험을 위해 다음의 단어를 보고 넘어가자. 한두 번만 읽고 지나가

기 바란다.

제비 사과 지붕 가방 연필 야구 나무 공책 신발 간판 책상 우산

마의 18초 - 단기기억의 지속시간

여러분들은 어디론가 전화를 걸기 위해 114에 문의했든 친구에게 물었든 그 전화번호를 받아서 한두 번 암송하면서 전화 버튼을 눌러 전화한 적이 있을 것이다. 하지만 통화가 끝나고 난 다음에는 그 번호가 생각나지 않는 경험을 했을 것이다. 단기기억에 저장된 것은 오래 가지 않기 때문이다.

자, 이제 위에서 방금 읽은 단어를 말해보라.* 생각나는 것이 있는가? 지금은 위 단어 목록을 보고 난 다음 겨우 20여 초가 지난 시점이다.

요약하면 이런 단기기억이 우리들 머릿속에 저장되어 있는 시간은 그리 길지 않다. 18초 정도 아무 생각 없이 지나면 단기기억은 사라진다. 이것은 컴퓨터 작업 후 '저장'을 하지 않고 전원을 끄면 작업한 것이 모두 사라지는 것과 같다.

단기기억에서의 이러한 망각은

---

* | **단어 외우기** | 이 책에는 단어를 외워보라는 필자의 요구가 몇 군데 나온다. 그것은 기억에 대한 이해를 위한 것이며 여러분의 기억력을 테스트하는 것은 아니다. 기억력 테스트는 실험실에서 엄격한 통제를 한 후에 실시되고 있다. 그 때문에 이 책에서는 기억력 테스트를 다루지 않는다.

인디애나 대학의 피터슨(Peterson) 등이 밝혀낸 것이다. 이들은 학생들을 대상으로 세 개의 자음을 기억해내는 능력을 검사했다. 피험자들이 낱자를 암송(되뇌기)하지 못하도록 하기 위해 자음을 제시하고 난 다음 숫자 하나를 제시하고는 피험자들에게 그 숫자에서 3씩 빼나가는 계산을 하라고 했다. 가령 CHJ 라는 낱자를 들려준 후 495라는 숫자를 제시한다. 그러면 피험자는 다음 신호가 있기 전까지 그 숫자에서 계속 3씩 빼나가는 계산을 해야 한다. 다음 신호는 불빛으로 나타났는데, 그 불빛이 나오면 세 개의 낱자를 회상*해야 했다. 그 불빛은 낱자 제시 후 3, 6, 9, 12, 15, 18초 후에 나타났는데, 정확히 재생할 확률은 18초 동안 급속하게 감소했다. 이를 통해 연구자들은 들은 낱자를 암송하지 않고 18초 정도 지나면 잊어버린다는 것을 발견해 낸 것이다.

또 단기기억이 처리할 수 있는 용량도 그리 크지가 않다. 게다가 감각기억에서 주의를 받은 정보가 계속 밀려들어올 뿐만 아니라, 현재 작업중인 것도 있고 또 기억창고에서 끄집어낸 것까지 손질작업을 해야 한다. 그 때문에 정보가 여러 경로를 통해 단기기억에 들어오더라도 선택을 받지 못하면 사라져버리게 된다. 그래서 70% 정도의 사람들이 매일 꿈을 꾸지만 전날 꾼 꿈을 기억하고 있는 사람은 많지가 않다. 일어나서 이것저것 하다보니 잊어버리기 때문이다 — 물론 악몽이었다면 깨어나자마자 곰곰이 생각하기에 조금 오래 지속된다. 명함을 받아 이름을 분명히 봐 두었는데도 이야기하다보니 그 이름이 기억이 나

---

* | **회상** | 심리학의 기억 분야에서는 회상과 재인이라는 용어가 많이 나온다. 회상(recall)은 단답형 문제처럼 기억에서 끄집어내는 것이며, 재인(recognition)은 사지선다형 문제와 같이 여러 개중에서 본 것을 골라내는 것이다.

지 않는 것도 마찬가지 이유이다. 그래서 단기기억이 뛰어난 학생들은 시험 보기 직전에 책 한 권을 주욱 훑어보고는 기억을 유지시키기 위해 애쓴다. 그 전략을 쓸 때는 옆에서 말을 시켜도 못 들은 척하며 숨도 쉬지 않는 것처럼 가만히 있어야 한다. 대신 빨리 시험지를 나눠주기를 바랄 뿐이다.

결론을 이야기하면, 우리의 단기기억 용량은 7 — 보다 정확히는 7 묶음, 아래 참조 — 내외이다. 그래서 우리가 한 번에 기억할 수 있는 것도 7 내외이고, 우리가 한 번에 생각할 수 있는 아이디어의 수도 7 내외이다. 그리고 우리가 어떤 사람을 만나 그에 대한 인상을 평가할 때에도 7 내외가 나온다. 이러한 특이한 현상을 한 심리학자가 매직넘버 7이라고 불렀다.

매직넘버 7 - 단기기억의 용량

다음 숫자들을 주의깊게 보고 한 번 외워 보라.

A: 561

B: 28463

C: 7068135

D: 451867397

E: 14727547942

A와 B는 비교적 쉬웠을 것이다. C는 외울 만했을 터이고 D나 E는 불가능하거나 대단히 힘들었을 것이다. 이것은 우리의 단기기억이 처리할 수 있는 용량(capacity)이 제한되어 있다는 것을 보여준다. 그러면 다음 숫자들을 한 번 보자.

A: 2 7 4 4 1 3 9 2 1 9 4 5 2 3 3 3

B: 2744 1392 1945 2333

B의 숫자들은 우리에게 의미가 있는 것들이다. 2744미터는 백두산의 높이다 — 백두산이 조금 높아졌다고 주장하는 사람도 있다. 1392는 조선이 건국한 해이고, 1945는 우리가 일제로부터 해방된 해이다. 2333은 고조선의 건국연도이다. 물론 앞에는 기원전이란 말이 생략되었다.

낱낱으로 기억하면 힘든 16자리 숫자(A)지만, 묶어서 생각하면(B) 기억이 쉬워진다. 아마도 여러분은 위의 E행을 기억할 때 1472, 7547, 942의 세 묶음으로 묶어 시도했을 것이다. 역시 현명한 방법이다. 이렇게 하면 단위가 한 자리 숫자에서 서너 자리 숫자로 확대된다. 주민등록번호나 은행계좌번호가 이런 방식으로 기억되고, '태정태세문단세'가 모이면 조선 역대 왕이름이 된다.

요약하면 우리의 단기기억은 7묶음 내외(7±2)의 용량을 갖고 있다. 기억용량에서 이런 묶음의 덩어리를 청크(chunk), 다른 말로는 편(片)이라고 한다. 청크는 앞서 본 바와 같이 하나일 수도 있고, 너댓 개가 묶인 것일 수도 있다. 프로 바둑기사의 경우에는 뒤에서 보듯이 수십 개에 달하기도 한다. 5 이하의 청크에서는 누구든 훌륭하게 처리해 낼 수 있다. 그러나 청크의 개수가 9를 넘어가면 처리하기 힘들어지고 결국엔 머리가 쥐어터지게 된다. 32메가의 램(RAM)으로 이것저것 쓰다가는 컴퓨터가 깡통이 되는 것과 같다.

그리고 더 큰 묶음의 덩어리로 묶는 것을 청킹(chunking)이라고 하는데, 그렇게 하기 위해서는 이미 알고 있는 장기기억을 활용해야 한다. 가령, 앞에서 본 E행을 1472, 7547, 942의 세 묶음이 아니라 1472(일사천리), 754(치료사), 7942(친구사이)의 세 묶음으로 청킹을 한다면 훨씬 기억하기 쉽다. 하지만 여러분의 장기기억에 2744이나 1392, 1945에 대한 사실이나 내용이 없다면(즉 그 숫자의 의미를 모른다면) 이런 단위로 묶지 못한다.

자, 그러면 간단한 시험을 쳐보자. 시험 역시 기억을 높이는 한 가지 방법이기 때문이다.* 시험은 추가로 하는 수업이나 공부보다도 더 효과가 있다는 실험결과도 있다. 게다가 기억에서의 청킹은 단기기억의 용량을 늘려주는 마법과 같은 것이다. 따

*| **시험** | 『팝뉴스』 2006년 11월 17일자 기사.

"금방 배운 것도 잊어버린다면, 시험을 쳐라." 미국의 과학자들이 시험을 보면 학생들이 학습 내용을 기억하는 데 큰 도움을 준다는 사실을 밝혀냈다고 16일 해외 언론들이 보도했다. 제이슨 챈 등 워싱턴 대학의 심리학자들은 84명의 대학생들을 대상으로 큰부리새에 대한 생물학 공부를 하도록 한 후 세 그룹으로 나누었다. 첫 번째 그룹은 해산되었고 두 번째 그룹은 추가 수업을 받았으며 세 번째 그룹은 배운 내용에 대한 시험을 치렀다. 다음날 모든 학생들을 모아 놓고 시험을 본 결과, 전날 시험을 본 세 번째 그룹이 다른 두 그룹에 비해 훨씬 높은 점수를 받은 것으로 나타났다. 세 번째 그룹은 전날 시험에 나오지 않은 내용까지도 많이 맞혔다는 점이 특기할 만하다. 연구진들은 추가 학습보다는 시험이 학생들의 기억력을 높이는 데 더 큰 효과가 있다고 강조했다. 이번 연구 결과는 『실험 심리학 저널』(Journal of Experimental Psychology) 2006년 11월호에 게재되었다.

라서 여러분이 청킹을 확실히 이해해야만 기억용량을 늘릴 수가 있다.

다음의 긴 숫자를 묶어서 외워 보라. 어떻게 묶어서(청킹을 해서) 외울 것인가?

101001000100001000010010

여러분은 위와 같이 0과 1로 구성된 단조로운 숫자를 어떻게 묶었는가? 101, 001, 000이나 1010, 0100, 0100처럼 무조건 세 자리나 네 자리로 끊어 묶었는가? 101, 001, 000이나 1010, 0100, 0100이 여러분에게 의미가 있는 숫자인가? 의미가 없는데도 그런 식으로 청킹을 했다면 아직 제대로 청킹을 이해하지 못한 것이다.

묶기 위해서는 묶이는 단위가 의미가 있어야 한다고 했다. 그러기 위해서는 10 100 1000 10000 1000 100 10 과 같이 우리에게 의미 있는 형태로 묶어야 한다. 그래야 기억하기 쉽고, 23자리 숫자가 7개의 묶음으로 줄어듦으로써 쉽게 외울 수 있다. 이제 청킹이 확실히 이해되었는가?

이처럼 단기기억에서 거의 모든 성인은 7±2의 용량을 갖는다. 기억에 관한 연구를 시작한 에빙하우스가 이러한 현상을 발견한 후 약 70년 뒤, 단기기억 용량의 이러한 특별함에 감명받은 조지 밀러(G. Miller)가 '신비의 숫자 7'(magic number 7)이라고 불렀다. 이 숫자는 밀러의 머리를 무척이나 복잡하게 했던 것 같다. 그는 자신의 유명한 논문 「신비의 숫자 7±2」(The Magic Number Seven, Plus or Minus Two)에서 다음과 같이 회상한다.

> 나는 숫자 하나 때문에 괴로움을 당하고 있다. 이 숫자는 7년 동안이나 나를 따라다녔고, 대부분의 나의 사적인 자료에 침입해 왔으며, 가장 유명한 학술지의 페이지 속에서 나를 공격하곤 했다. 이 숫자는 여러 가지로 위장을 했는데, 어떤 때에는 대개의 경우보다 조금 크고 어떤 때에는 조금 작다. 이 숫자가 나를 끈질기게 괴롭히는 것을 우연이라고 보기에는 너무 힘들다. … 그 숫자에는 비상한 어떤 것이 있거나 아니면 나는 피해망상 때문에 고통받고 있는지도 모른다.

이런 문제는 비단 밀러의 것만은 아니다. 우리 모두 그러한 매직넘버 7에 사로잡혀 있다. 이러한 매직넘버 7은 우리의 장바구니에 담긴 제품의 수이다. 슈퍼마켓에서 우리가 사야 할 물건이 기억해야 할 목록이라면 우리의 단기기억은 한쪽 옆구리가 터진 장바구니와 같다. 우리가 슈퍼마켓에서 그 장바구니를 들고 쇼핑할 때 모든 것을 담을 수가 있지만, 제품을 담을 때마다 또 다른 몇 가지 제품은 터진 옆구리를 통해 빠져나간다. 그래도 장바구니 속의 아랫부분이라든가 터진 옆구리 반대편에는 항상 몇 가지 제품이 남아 있게 된다. 그 숫자는 항상 7개 내외이다.

옆에서 시끄럽게 굴거나 말을 시키면 주의집중이 잘 되지 않는 까닭도 이런 단기기억의 제한된 용량 때문이다. 아버지가 골똘히 뭔가를 생각하고 계시는데 떠들면 꾸중 듣기 십상이다. 장부를 뒤적여가며 한

창 계산기를 두드리고 있는 사람에게 말을 붙였다가는 역시 한소리를 듣게 된다. 어디까지 계산했는지 잊어버리기 때문이다. 훈수하는 맛에 장기를 둔다고 하지만 훈수가 있으면 전략을 짜는 데 방해가 된다. 그래서 가끔 내기장기에 진 사람과 훈수하는 사람 사이에 언쟁이 붙는다.

급하게 단기기억을 향상시켜야 할 필요성이 있다면 사탕이나 설탕물처럼 달콤한 것을 먹기를 권한다. 설탕 음료가 단기기억력을 향상시키는 효과가 있다는 연구결과가 있기 때문이다. 영국 랭커스터 대학의 실험 결과 설탕의 한 형태인 포도당이 함유된 음료를 마시면 단기기억력을 최소한 24시간 동안 향상시킬 수 있다고 한다. 연구자들은 두 그룹의 피험자에게 포도당과 인공감미료를 각각 마시게 하고, 단어들을 기억하게 했다. 30분 후 이들에게 외운 단어를 말하라고 하자 포도 당 그룹은 20개 단어 중 평균 15개를 기억해 냈다. 이에 비해 인공감미료 그룹은 평균 10개밖에 기억해 내지 못했다. 따라서 시험에 앞서 벼락치기 공부를 할 때 설탕 음료를 마시면 단기기억력을 향상시켜 좋은 성적을 기대할 수 있을 것 같다.

프로기사의 단기기억 - 단기기억의 확장

이제 다음 페이지의 바둑판 그림을 보자. 바둑의 수순을 자세히 보고 난 다음 책을 덮고 순서대로 놓아보기 바란다. 여러분이 바둑을 모른 다면 앞부분 몇 개만 놓아보고는 필자의 무리한 요구를 비난하면서 그만둘 것이다.

그러나 여러분이 프로기사라면, 또는 바둑을 잘 두는 독자라면 완 벽하게 진행했을 것이다. 이것은 프로기사들이 모든 면에서 대단한 단 기기억의 소유자라는 것을 말하지는 않는다. 대신 바둑의 경우 프로 기사들은 한 청크로 묶을 수 있는 범위가 일반인들보다 월등히 크다 는 것을 보여준다.

바둑을 모르는 독자에게는 이 그림은 검은 돌과 흰 돌의 무의미한 배치에 지나지 않는다. 그러나 프로기사와 바둑에 식견이 있는 사람이 라면 그 돌은 의미 있게 연결되어 있다. 여러분이 책을 볼 때 철자 하나 하나 보지 않고 단어를 보는 것처럼 프로기사들은 의미 있는 패턴으

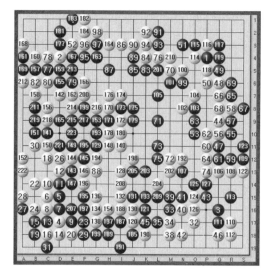

제14기 기성전 도전 4국
(2003. 3)
흑: 이창호 9단
백: 조훈현 9단

로 바둑판을 본다. 그렇기에 돌 하나의 다음 정거장이 어딘지를 알 수 있다. 하지만 바둑을 모르는 독자라면 아마도 순서를 찾는 데도 상당히 애를 먹었을 게다. 그렇다고 실망할 필요는 없다. 당신은 또 자신의 분야에서 다른 사람보다 뛰어난 단기기억을 갖고 있을 테니까.

또 프로기사들은 그 과정에서 전투준비(포석단계), 접전(초반전), 전투(중반전), 역공세(후반전), 마무리(끝내기) 등 몇 단위로 구분하여 보기 때문에 기억할 수 있는 범위가 크다. 실제로 프로기사들은 검은 돌로만 대국을 하더라도 상대방의 검은 돌과 자기의 검은 돌을 구분할 수 있다. 심지어 한 프로기사는 눈을 가린 채로 바둑을 두어 150여 수까지 진행했다는 이야기가 전해진다. 그는 상대방이 돌을 놓았을 때 관전자가 불러주는 그 위치를 듣고 난 후 자기 돌을 어디에 놓아달라고 이야기하면서 진행했다고 한다 — 바둑에서는 가로가 왼쪽에서부터 1, 2, …

19와 같이 자리하고, 세로는 위에서부터 아래로 一, 二, ⋯ 十九식으로 위치가 정해져 있다. 엄청난 단기기억이 아닐 수 없다. 하지만 물론 이들도 바둑돌을 아무렇게나 배열해 놓았다면 일반 사람들과 차이가 없다.

사족으로 하나 덧붙인다. 여러분이 바둑을 모른다면 한번 배워 볼 것을 권한다. 재미도 있거니와 세상의 이치가 느껴질 것이다. 과장된 말이 아니다. 일상생활에서 흔히 사용하는 끝내기, 초읽기, 요석, 행마, 정석, 포석이라든가 "선수를 잡다." "자충수를 두다." "장고 끝에 악수 나온다."와 같은 말이 바둑에서 나온 말이다. 그 용어만 듣더라도 어찌 행동해야 할지 느낌이 오지 않는가?

소리로 읽는다 – 주의의 활용

방송 프로그램이 끝난 후 재빨리 올라가는 TV의 자막을 다시 회상해 보자. 물론 앞서 보았던 감각기억을 활용하면 제작진의 역할과 이름은 우리 머릿속에 들어왔을 것이다. 하지만 감각기억의 경우에는 머릿속에 저장되어 있는 시간이 극히 짧으므로 우리는 그것을 기억하지 못한다. 대신 단기기억에서 우리가 그것을 처리하려면 그것을 주의 깊게 보아야 한다.

하지만 눈으로 보기만 한다고 하여 우리가 그것을 단기기억에서 처리할 수 있는 것은 아니다. 우리가 글을 읽을 때에는 눈으로 읽는 것이 아니라 소리로 읽기 때문이다.

다음의 나라 이름을 반복하여 읽고 기억해 보자. 그리하여 한 템포 쉰 다음 책을 덮고 외운 것을 기억해 보자.

A: 터 키　칠 레　인 도　이 란　쿠 바

여러분은 몇 개를 기억했는가.

그러면 다음 단어를 읽고 기억해 보자. 방법은 위와 동일하다.

B: 룩셈부르크 아르헨티나 카자흐스탄 에티오피아 우크라이나

이번에는 몇 개를 기억했는가.

A와 B에서 나라의 숫자는 다섯 개로 모두 같다. 그리고 A에 공백이 많긴 하지만 A와 B의 전체 길이도 같다. 따라서 눈으로 훑어보는 데 걸리는 시간은 A에서나 B에서나 비슷하다.

하지만 단어의 글자 수는 다르다. A는 두 자인 반면 B는 다섯 자로 이루어져 있다. 그로 인해 나타나는 차이는 단어를 말하는 데 걸리는 시간이다. 물론 다섯 글자인 B가 말하는 데 걸리는 시간이 길다. 그 때문에 처리하는 데 오래 걸린다. 그러다 보니 한 단어를 처리하고 다음 단어를 처리하려 할 때에는 이전의 단어가 단기기억에서 희미해져 버리는 것이다. 실제 실험에서 피험자들은 A의 경우 평균 4.17개를 기억할 수 있었지만, B의 경우 평균 2.80개만을 기억할 수 있었다.

지금 여러분은 이 문단을 읽을 때 눈으로 휙 한번 쳐다보고 나서는 읽었다고 말할지 모른다. 하지만 그것은 감각기억에서 처리될 뿐 단기기억에서 제대로 처리하고 있는 것이 아니다. 즉 휙하며 본 다음에는 머릿속에 그 내용이 남아 있지 않는 것이다. 보기(look)는 하지만 제대로 보는 것(see)은 아닌 것이다.

단기기억에서 처리하기 위해서는 주의를 기울여야 한다. 그것은 눈으로 보는 것이 아니라 소리로 읽는 것이다. 여러분은 지금 이 문단을 읽을 때 입으로 소리를 내지는 않겠지만 속으로는 소리를 내고 읽고 있을 것이다. 그래야 문장이 머릿속에 남아 있게 된다.

이처럼 단어가 길면 처리하는 데 시간이 걸리고, 그러다 보면 다른 것을 처리하지 못한다. 그래서 짧은 시간에 많은 것을 알려주기 위해서는 그림을 이용한다. 도로표지판이 글자로만 되어 있다면 운전하면서 제대로 읽어낼 수 없을 것이다. 공사판과 같이 각종 주의를 요하는 장소에 있는 표지판도 마찬가지다. "위에서 떨어지는 물체에 주의하시오." 이런 긴 주의표지판이라면 읽는 도중에 사건이 발생할 수도 있다.

어린이라든가 상상력이 풍부한 사람들의 경우에는 "기대지 마시오." "손대지 마시오." 같은 그림을 처음 볼 때 "짝다리 금지", "싸대기 금지"라고 이해하는 경우도 있겠지만, 혼동되는 그림 아래에는 간단하고 쉬운 글로 설명이 되어 있다. 또 세계 각국에서는 그러한 안내표지의 통일을 꾀하고 있기 때문에 외국에 가서도 헷갈리는 일이 없다.

이런 점 때문에 어떤 언어에서든 많이 사용하는 단어나 중요한 단어는 대개가 짧다. 특히 생존과 관련한 것이라면 더욱 그렇다. 단어가

기대지 마시오

이러한 그림은 위험 혹은 주의를 기울여야 하는 것과 관련 있기 때문에 글보다 의미전달 속도가 빨라야 하고 글을 모르더라도 이해할 수 있어야 한다. 때문에 세계 각국에서 공통으로 사용하고 있다.

짧아야 아기가 말을 배울 때 쉽게 배울 수가 있다. 또 생활하면서 말도 빨리 해야 하고 알아듣는 것도 빨라야 하기 때문이다. 그래서 세 글자를 넘는 경우가 드물다. 우리나라의 경우를 보자. 나, 너, 젖, 밥, 물, 불, 국, 말, 글, 논, 밭 등이 그러한 예다. 동사나 형용사의 경우도 마찬가지다.

이러한 것은 영어도 마찬가지여서 중요하고 많이 쓰이는 단어는 길지가 않다. 너(you)와 우리(we)도 짧지만 자기를 나타내는 '나'는 단 한 자의 알파벳 I로 되어 있다.

처음과 마지막 것이 기억 잘 된다 - 계열위치 효과

자! 이제 앞에 나온 단어들을 아래에서 다시 한번 보고 기억하는 실험을 해보자. 천천히 주의를 기울여 순서대로 읽어보고(단어당 1~2초) 외워

보라.

제비 사과 지붕 가방 연필 야구 나무 공책 신발 간판 책상 우산

외웠으면 위 단어를 가리고 무엇이 기억나는지 순서에 관계없이 아래 칸에 적어 보라.

☞ _____

단기기억의 용량이 7±2이므로 여러분들은 5~9개의 단어를 기억하고 있을 것이다. 그러나 단어가 떠오르는 정도는 단어에 따라 차이가 있다. 아마 제일 앞에 있는 제비와 제일 뒤에 있는 우산이 가장 잘 떠오를 것이다. 제일 앞에 있는 것은 가장 먼저 나왔기에 되뇌기를 할 기회가 많았고, 그래서 가장 먼저 장기기억으로 넘어가 있는 것이다. 이처럼 처음 보거나 들은 것이 잘 기억되는 것을 초두 효과(primary effect)라 한다.

그리고 가장 뒤에 나온 우산도 잘 기억하고 있을 것이다. 가장 나중에 나왔기 때문에 아직 단기기억에 남아 있어 기억이 잘 되는 것이다. 이것을 최신 효과 혹은 신근성(新近性) 효과(recency effect)라고 한다. 하지만 중간에 위치한 단어는 회상이 어렵다. 단어가 어디에 위치해 있었는지에 따라 기억되는 정도가 다르다 하여 이러한 것을 계열위치 효과(serial position effect)*라고 한다.

하지만 이러한 것은 즉각 회상했을 때의 결과이다. 되뇌기를 하지 않은 상태에서 시간이 지나간 후(약 30초 후)에는 최신 효과가 사라지고 초두 효과만 남는다. 우리가 이미 보았듯이 18초 정도만 지나면 단기기억의 내용은 모두 사라지기 때문에 이 결과는 최신 효과의 경우 단기기억에 의존한다는 것을 보여준다.

이런 계열위치 효과를 알게 되면 남에게 자기 이름 석자 기억시키기 위해서는 몇 번째 소개를 해야 하는지 이제 알 것이다. 당연히 모임에서 가장 먼저 이름을 밝히면 된다. 자기 PR시대인 요즘 무조건 뒤로 뺄 일은 아닌 것이다. 나름대로 최신 효과를 노려 제일 마지막으로 소개를 하는 행운을 잡았다 하더라도 일반 모임에서는 소개가 끝나면 곧바로 회장 인사말과 같은 또 다른 사건이 진행된다. 그 때문에 생각만큼의 효과(최신 효과)가 나오지는 않는다.

* | **계열위치 효과** | 이런 위치 효과는 TV광고의 단가를 결정하는 데에도 중요하다. TV광고가 프로그램의 어디에 위치하느냐에 따라 광고가격에 차이가 있다. 프로그램이 시작되기 전이라면 가장 나중에 나오는 광고의 가격이 가장 비싸고, 프로그램이 끝난 후라면 가장 먼저 나오는 광고의 가격이 가장 비싸다. 시청자가 광고를 볼 가능성이 가장 높아 광고를 기억하기 위한 최적의 위치이기 때문이다.

● 원조 프리미엄

초두 효과 때문에 '처음'이 중요하다. 만남에서는 첫인상이 중요하고 경기에서는 초반 기선을 잡는 것이 중요하다. 신제품을 출시하는 기업은 그래서 온갖 스포트라이트를 출시 시점에 쏟아붓는다.

뿐만이 아니다. 「창밖의 여자」는 조용필이 불러야 제맛이고, 「잘못

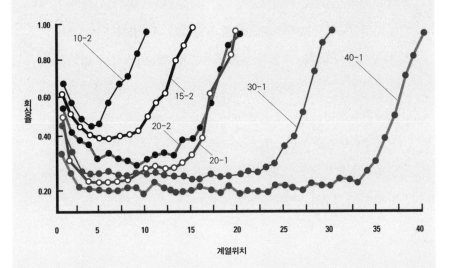

가로축은 기억해야 할 각 단어가 순서상 어느 위치에 있는지, 즉 계열위치를 나타내고
세로축은 그 단어에 대한 회상률이다. 10-2는 10개 단어로 이루어진 실험에서 2초
간격으로 단어를 제시했음을 뜻하고 30-1은 30개 단어로 이루어진 실험에서 1초
간격으로 단어를 제시했음을 뜻한다. 단기기억에 남아 있는 뒷부분의 것이 가장
기억이 잘 되고 제일 앞부분 역시 기억이 잘 됨을 알 수 있다.

된 만남」은 김건모가 불러야 제격이다. 제일 처음 불러 강력한 인상을
남겼기 때문이다. 뒤에 다른 사람이 부르면 아무리 가창력과 모방이
뛰어난 가수라 하더라도 노래의 제 맛이 나지 않는다.

또 어떤 음식으로 유명한 동네에 가면 '원조'가 붙은 간판을 수도 없이 볼 수 있다. 원조라는 것이 초두 효과와 같다. 가령 과자의 경우 '맛동산'은 '땅콩으로 버무린 튀김과자'의 원조격이다. 1970년대 중반 맛동산이 처음 선보였을 때 선풍적인 인기를 끌었다. 그 후 30여 년 동안 다른 경쟁업체에서 맛동산의 모방품을 수없이 내놓았지만 역부족이었다. 맛이나 모양새는 모방할 수 있었지만 도저히 따라갈 수 없는 게 하나 있기 때문이다. 그것은 어떤 제품이든지 처음 선보인 브랜드가 일단 성공하면 소비자들에게 강한 인상을 남기는 '원조' 프리미엄이다.

원조 프리미엄을 누리는 또 다른 제품으로는 롯데의 '쥬시 후레쉬', 동양제과의 '오리온 초코파이' 등이 있다. 이 제품들도 30여 년 넘게 넘볼 수 없는 벽으로 군림해 왔다.

단기기억의 장기기억화 - 되뇌기

이제 다시 앞 페이지에서 본 단어를 기억해 보자. 기억나는 것이 몇 개나 되는가? 아마 서너 개밖에 남아 있지 않을 것이다.

걱정이 된다. 모든 것을 감각기억으로 받아들여 그 중에서 몇 가지를 단기기억으로 넘기는데 또 그 중 몇 개만 남고 사라져 버리면….

그러나 방법은 있다. 하나는 되풀이해서 외우는 것이다. 이러한 것을 되뇌기, 즉 기계적 시연(route rehearsal)이라 한다. 되뇌기를 할수록 그 항목이 단기기억에서 장기기억으로 이전될 가능성이 커진다. 이는 항

즉각회상과 30초 지났을 때의 회상

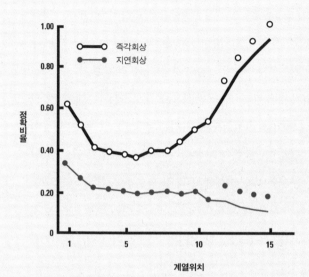

즉각회상은 계열위치 효과를 보여주고 있으나, 30초 지연되어 회상했을 때에는 계열
위치 효과가 사라진다. 이로써 최신 효과는 단기기억에 의존한다는 것을 보여준다.
단기기억은 18초 정도 지나면 사라지기 때문에 30초가 지나면 제일 나중에 들었다 하
더라도 회상률이 떨어진다.

목을 단기기억에 오래 머물게 해줌으로써 소멸되거나 다른 항목으로
대치되는 것을 막아주기 때문이다. 그러나 무조건 되뇌기를 한다고 해
서 장기기억으로 넘어가 기억이 잘 된다는 것은 아니다.

114에 전화번호를 문의했다가 그 전화번호를 여러 번 되뇌면서 전화 버튼을 누른 경험이 있을 것이다. 그러나 전화를 끊고 나서는 그 전화번호를 잊어버리고 만다. 이런 것들은 사람들이 정보를 잠시 동안 마음속에 유지하고 있을 뿐 그 이상은 아무 것도 하지 않는다는 것을 보여준다 — 이러한 것을 유지되뇌기(maintenance rehearsal)라고 부른다. 이런 형태의 되뇌기는 아무 짝에도 쓸모가 없다. 실험을 보자.

실험에서 피험자들은 여러 개의 단어 목록을 듣게 되는데, 특정 자음으로 시작되는 단어를 기억하도록 지시를 받는다. 그 특정 자음이 제시되는 길이는 달랐다. 즉 특정 자음은 연이어 나올 수도 있고 몇 단계 지나서 나올 수도 있었다. 실험에서 각 목록의 제시가 끝나면 피험자들은 그 목록에서 특정한 자음으로 시작하는 마지막 단어를 보고해야 했다. 실험에서는 특정 자음이 ㅂ이었고 단어 목록이 다음과 같았다.

사람 오렌지 **바위 보라** 책상 풋과일 해오라기 **불나방** 필통 천둥

이 상황에서 피험자들은 바위라는 단어를 들었을 때 다음에도 ㅂ으로 시작되는 단어가 나오는지를 모르기 때문에 바위라는 단어를 기억하기 위해 되뇌기를 해야 한다. 그 다음에 ㅂ으로 시작되는 단어인 보라가 나오므로 '바위'는 '보라'로 대치된다. 그리고 불나방이라는 또 다른 ㅂ으로 시작되는 단어가 나올 때까지 피험자는 보라를 기억하기 위해 되뇌기해야 한다.

이 과정에서 바위라는 단어는 곧바로 보라라는 단어로 대치되므로 되뇌기를 오래 할 수 없다. 그러나 보라라는 단어는 불나방이라는 단어가 나올 때까지 오랫동안 되뇌기를 할 수 있다. 그리고 난 후 제일 마지막에 나온 ㅂ으로 시작된 단어가 불나방이었으므로 피험자는 다음 두 단어(필통, 천둥)가 제시되고 난 후 불나방이라고 보고를 하게 된다. 결과적으로 바위는 한 단계 동안, 보라는 네 단계 동안, 그리고 불나방은 두 단계 동안 되뇌기를 할 수 있었다.

이 실험은 특정 단어가 다른 단어에 비해 단기기억에 오래 머물 수 있도록 정교하게 고안된 것이었다. 그렇다면 단기기억에 오래 머물렀던 단어가 장기기억으로 이전될 가능성이 많은 것일까?

이 질문에 답하기 위해 실험자들은 실험에 참가한 피험자들을 대상으로 뜻하지 않은 기억검사를 실시했다. 즉 그들이 들었던 'ㅂ으로 시작된 단어'를 가능한 한 많이 보고하도록 요구했던 것이다. 이것이 실험의 진짜 목적이었다.

그 결과 항목이 단기기억에 머물렀던 시간, 즉 되뇌기를 한 시간은 기억에 아무런 효과가 없는 것으로 나타났다. 보라가 바위보다 더 오랫동안 되뇌기를 함으로써 단기기억에 오래 머물렀지만 회상의 정도는 차이가 없었던 것이다. 이런 결과를 보면 유지되뇌기는 회상에 아무런 도움도 되지 않는다. 실제로 한 심리학자는 25년 동안 거의 매일 들은 기도문을 사람들이 외우고 있지 못한다는 것을 발견했다. 수천 번을 들은 기도문이지만 머릿속에 완전한 기억으로 남아 있지 못한 것이다.

이처럼 단순한 암기만으로는 오랫동안 저장되지 않는다. 그러므로 되뇌기를 할 때에도 전략이 필요하다. 그것은 우리가 이미 알고 있는 것에 그 정보를 관련시키는 것, 즉 정교화 시연(elaborative rehearsal)이다. 장기기억으로 넘길 때 기억재료를 부호화하고 체제화하는 것이다. 예를 들어 새로운 낱말을 대할 때 그 낱말과 관련이 있는 상황이라든가 사건에 연관시키면 보다 오랫동안 기억할 수 있다. 이것이 장기기억이다.

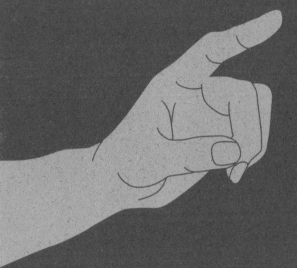

04

장기기억
(Long-term Memory)

"우리의 기억이 앞서 본 감각기억과 단기기억밖에 없다면
우리는 자신의 이름을 기억하기 위해
하루에도 수백 번 자신의 이름을 되뇌어야 할지 모른다."

우리의 기억에 감각기억과 단기기억만 있고 장기기억이 없다면 어떻게 되었을까? 아마 우리는 항상 연필과 메모지를 들고다니며 그날 있었던 상황을 기록해야 할 것이다. 그리하여 매일매일 쌓이는 메모 분량이 엄청나서 손수레에 싣고 다닐지도 모른다. 승용차가 있다면 조수석까지 메모지가 가득 차 다른 사람을 태우지도 못할 것이다. 아마도 그랬다면 필기구와 메모지 회사가 번성했을 것이며 슈퍼마켓이나 편의점은 필기구와 메모로 넘쳐났을 것이다.

그리고 우리가 어떤 사람을 처음 만났을 때 그의 이름과 용건은 기록할 수 있을지 몰라도 그에게서 받은 기쁜 감정이나 설레임, 혹은 섭섭함과 분노 같은 느낌은 어떻게 기록할 수 있을 것인가? 그랬다면 지금처럼 연인이나 가족에게 느끼는 우리의 감정이 남아 있다고 장담할 수 있을 것인가?

실례를 보자. 수술후 뇌의 손상으로 인해 수십 년간 기억장애로 살아간 사람이 있다. 이 사람은 기억 분야에서는 저명한 심리학자들 이상으로 유명한데, 'HM'이라 불리는 사람이다. HM은 환자 보호 차원

에서 이름을 밝히지 않기 위해 그 사람 본명의 머릿글자를 딴 것이다. 그 때문에 알려진 바에 따르면 HM에서 H가 헨리(Henry)를 나타낸다는 정도의 이야기만 있다.

미국 코네티컷주의 맨체스터에서 태어난 HM은 9살 때 자전거에서 넘어져 머리를 다쳤고 이듬해부터 간질 발작을 하기 시작했다. 간질 발작은 점점 심해졌는데 약을 복용해도 별로 소용이 없었다. 당시 간질 수술이 의학계에 막 시도되고 있었는데 1953년에 그는 하트포드 병원의 윌리엄 스코빌 박사에게 간질 수술을 받았다. 그의 나이 28세 때의 일이었다. 간질의 진원지는 양쪽 측두엽이었기 때문에 박사는 양쪽 측두엽을 모두 제거했다. 제거된 부분에는 편도체 그리고 해마의 3분의 2가 포함되어 있었다.

수술후 그의 간질 증세는 눈에 띄게 좋아졌다. 간질 치료 자체는 성공적이었다. 그리고 뇌의 상당한 부분을 잘랐는데도 그의 성격, 태도, 사고 등은 수술 전과 다름없었다. 그러나 그에게 당시로서는 아무도 예측하지 못했던 문제가 발생했다. 수술이 끝난 후 HM은 새로운 것을 기억하지 못하는 것이었다. 그는 새로운 사실이나 단어를 배울 수가 없었고, 새로운 장소라든가 사람 얼굴을 기억할 수 없었다. 자신이 몇 살인지, 미국 대통령이 누군지, 심지어 자신의 부모가 돌아가신 사실조차 모르고 있었다. 하지만 단기기억은 그나마 괜찮아서 짧은 글자나 숫자는 기억할 수 있었고, 대화를 할 정도로 오래 기억할 수 있었다.

그렇다고 그의 모든 기억이 완전히 없어진 것은 아니었다. HM은 절차기억(반복적이며 장기적 학습을 통해 저절로 몸에 배게 되는 기억. 뒤의 98쪽 참조)은 저하되지 않았다. 숟가락질, 젓가락질을 할 줄 알았고 차도 몰고 다녔으며 나름대로 사회생활의 예절을 기억하고 있었다.

하지만 그의 서술기억(어떤 상황이나 사실에 대한 기억) 능력 상실은 심각했다. 예컨대 의사가 단어 세 개를 외우게 하고 이를 5분 후에 기억해 보라고 하면 하나도 기억하지 못했다. 뿐만 아니라 의사가 그런 요구를 했는지조차 기억하지 못했다. 시간이 흘러 80세가 되어서도 그는 혼자서는 아무것도 할 수 없었다. 그는 집으로 가는 길도 몰랐으며, 점심으로 뭘 먹었는지도 몰랐다. 전기난로를 켠 다음 몇 분이 지나면 난로를 켠 사실조차 기억을 하지 못했다. 몇몇 학자들이 그를 연구하기 위해 수십 년 동안 함께했지만 그는 이들도 기억하지 못했다.

안타까운 사례다. HM과 달리 여러분은 어제 혹은 몇 달 전, 몇 년 전의 일을 기억하고 있을 것이다. 중학교 다닐 때 소풍 가서 친구들 앞에서 부른 노래를 기억하고 있을 것이다. 그리고 고등학교 시절 열심히 쫓아다닌 이성의 얼굴을 기억하고 있을 것이다. 또는 만나본 지 오래됐어도 초등학교 시절 친하게 지내던 친구의 이름을 줄줄이 외우고 있을지도 모른다.

우리의 기억이 앞서 본 감각기억과 단기기억밖에 없다면 우리는 자신의 이름을 기억하기 위해 하루에도 수백 번 자신의 이름을 되뇌어야 할지 모른다. 아니면 두꺼운 노트를 들고 다니며 일일이 보고들은 것을 기록해야 할 것이다. 그러나 우리에겐 장기기억이라는 것이 있기 때문에 이같은 수고는 하지 않아도 된다. 참으로 다행스런 일이다. 8톤

트럭 수천, 수만 대분의 기억 메모가 우리의 작은 뇌 속에 저장되어 있으니 말이다.

　이러한 기억이 장기기억(long-term memory)이다. 장기기억은 책을 저장하는 도서관과 같다. 우리가 어떤 책(기억재료)을 손에 계속 들고 있어야 한다면(단기기억) 손이 쥘 수 있는 용량의 한계 때문에 다른 여러 책을 쥐지 못하게 된다. 그래서 당장 필요없는 책은 다른 장소에 보관하게 되는데, 그것이 도서관에 해당하는 장기기억이다. 장기기억은 단기기억의 내용이 부호화나 정교화의 단계를 거쳐 체계적으로 저장되기 때문에 보다 오랫동안 저장할 수 있고 기억할 수 있는 용량도 엄청나다. 물론 이러한 것은 노화나 약물 혹은 질병 같은 이유로 뇌가 손상을 받지 않았을 때에 한한다.

장기기억은 무한한 저장매체

장기기억이라는 도서관은 엄청나게 크고 넓어서 제대로만 보관한다면 보관하지 못할 책(기억재료)은 없다. 장기기억의 용량은 거의 무한정이다. 컴퓨터의 저장용량이 매우 크다고 하지만 우리의 장기기억에 비해서는 '쨉'(경쟁)이 되지 않는다. 최고급 개인용 PC가 400기가바이트 정도의 저장용량이 있다고 하자. 이 정도의 용량이라면 영화 500편 정도의 분량밖에 저장하지 못한다. 한 편의 영화가 두 시간짜리라고 할 때 시간으로 따지면 1,000시간밖에 저장하지 못하는 것이다. 이것은 우리가 잠자는 시간을 제외하더라도 두 달 정도밖에 안 되는 기억용량이다. 당장 어제 하루의 여러분 일과를 컴퓨터에 저장한다고 생각해 보라. 컴퓨터 저장용량으로 계산하면 어마어마한 양일 것이다.*

하지만 우리는 오늘 아침 너댓 시간 동안 일어난 일을 자세히 기억하고 있으며 어제, 그제, 일주일 전의 우리 생활도 기억할 수 있다. 불과 두 달 동안 기억만으로도 우리는 최신 PC의 저장용량을 훌쩍 뛰어넘는 셈이다. 하지만 우리는 수년 혹은 수십 년 전의 일도 어떤 경우에는 생생하게 기억하고 있기도 하다. 어린 시절에 배운 구구단이라든가, 이차방정식의 답을 구하는 방법, 영어 단어 'school'이 어떤 뜻이라는 것도 지금 우리의 머릿속에 저장되어 있다. 그만큼 우리의 저장용량은 크다 못해 무한정하다.

* | **기억용량** | '기억'의 이해를 돕기 위해 이 책에서는 컴퓨터를 인간의 뇌에 대비했지만 사실 컴퓨터는 인간의 뇌와 비교할 만한 수준이 되지 못한다. 인간 두뇌에 관한 연구가 급속한 발전을 했음에도 여전히 사고와 정서, 의식과 언어 등 뇌의 상당 부분이 불가사의한 상태로 남아 있다. 그런데 인간 두뇌의 수많은 기능 가운데 일부분의 개념만을 가져와서 컴퓨터와 인간 두뇌의 우열을 논할 수는 없는 것이다. 이 책에서 예로 들고 있는 도서관 또한 이해를 돕기 위한 것에 불과하다. 도서관의 모든 책들은 체계적으로 저장되기만 하면 우리의 장기기억에 저장되고도 남는다.

기억의 도서관

이처럼 우리의 머릿속(장기기억)에는 엄청난 양의 기억이 저장되어 있다. 하지만 우리는 그 많은 기억 정보 속에서 우리에게 필요한 것을 어떻게 바로바로 끄집어낼 수 있을까?

우리가 단기기억에서와 같은 방법으로 각각의 정보를 검증해야 한다면 필요한 것을 기억해 내는 데 몇 달 몇 년이 걸릴지 모른다. 한 기억 연구자는 단기기억에서와 같이 일일이 맞춰봐야 한다면 어른이 되어 장기기억에 50년 정도의 경험이 저장되어 있을 경우(즉 여러분이 50대라면) "당신 이름은 뭐요?"라는 질문에 답할 때 400년 정도 걸릴 것이라고 예상한다.[1]

하지만 우리는 즉각적으로 대답을 할 수 있다. 누군가가 길을 물을 때, 시험을 칠 때 우리는 어렵지 않게 장기기억에서 정보를 끄집어내어 즉각 대답을 할 수 있다. 무엇 때문에 이러한 것이 가능할까? 그 답은 기억이 저장되는 특성에서 찾아야 한다.

다음 단어들을 외워 보라. 순서는 관계가 없다. 대신 확실히 외워야 한다.

고등어 사과 연필 포도 꽁치 붓 수박 향어 사인펜

우리의 장기기억은 도서관의 책과 같은 방식으로 저장된다. 그래야 쉽게 찾을 수 있다. 어떤 기준도 없이 책이 배열되어 있다면 도서관에서 책 찾기란 엄청난 고역이 될 것이다. 여러분이 어떤 질문을 받았을 때 즉시 대답을 할 수 있는 것은 장기기억의 저장방식이 도서관에 꽂힌 책과 같기 때문이다.

여러분이 심리학 책을 도서관에서 찾을 때 일반 문학 분야의 서가라든가 사전류 서가로 가서 찾으면 헛걸음을 할 것이다. 학술서 서가

로 가서 찾아야 한다. 학술서 서가에서도 경제학이나 법학 쪽에서 찾으면 되지 않고 심리학 쪽에서 찾아야 한다.

그리고 심리학 책과 법학 책을 여러 권 찾을 때 심리학 쪽에서 한 권, 법학 쪽에서 한 권 하는 식으로 찾는다면 빠른 시간 내에 찾을 수 없을 것이다. 한 곳에서 필요한 것을 다 찾고 난 다음 자리를 옮겨 찾는 것이 효율적이다.

자! 그러면 이제 여러분이 바로 앞에서 외운 것을 순서에 관계없이 말해 보라. 아마도 '고등어, 꽁치, 향어', '사과, 포도, 수박', '연필, 붓, 사인펜'과 같이 종류별로 묶어서(체계적으로) 생각해 냈을 것이다. 즉 생선은 생선끼리, 과일은 과일끼리, 필기구는 필기구끼리 묶어서 생각해 냈을 것이다.

이러한 것은 컴퓨터를 생각하면 훨씬 쉬워진다. 여러분은 작업한 것을 컴퓨터에 저장할 때 상위폴더 내에 하위폴더를 만들고, 이 속에 파일을 저장한다. 그래야 필요한 파일을 찾을 때 쉽게 찾을 수가 있다. 이런 체계성 없이 아무렇게나 파일을 저장하면 찾는 데 얼마나 많은 시간이 걸리겠는가.

● 효율적인 기억

이와 마찬가지로 우리의 기억은 컴퓨터의 폴더처럼 망과 같은 모양, 즉 망상(網狀)으로 구성되어 있다. 심리학자들은 장기기억의 체제화를 설계하는 컴퓨터 프로그램을 개발하던 중 망상모델이라 불리는 것을 발

의미기억의 망상모델

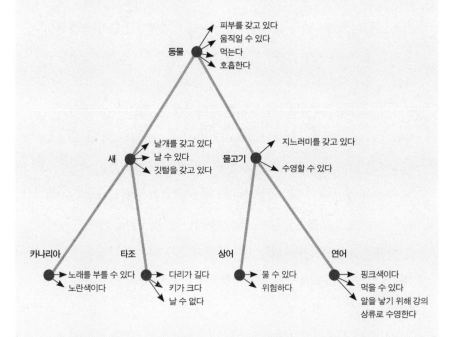

동물
피부를 갖고 있다
움직일 수 있다
먹는다
호흡한다

새
날개를 갖고 있다
날 수 있다
깃털을 갖고 있다

물고기
지느러미를 갖고 있다
수영할 수 있다

카나리아
노래를 부를 수 있다
노란색이다

타조
다리가 길다
키가 크다
날 수 없다

상어
물 수 있다
위험하다

연어
핑크색이다
먹을 수 있다
알을 낳기 위해 강의
상류로 수영한다

세 수준의 위계로 구성된 가설적인 기억구조이다.

아래 수준(카나리아)으로 내려올수록 그 대상이 지닌 세부 특징만 저장되고

중간 수준(새)에서는 아래 수준이 공통으로 지닌 특징이 저장된다.

이 그림에서는 동물이 상부 수준이지만 생물이라는 보다 상부의 수준도

있으므로 이 경우 동물과 식물이 중간 수준이 될 것이다.[2]

견했다. 그들은 앞의 그림과 같은 형태로 나타내었다.[3]

여기에서 카나리아 — 원래 항목은 카나리아지만 우리에게 익숙하게 종달새로 바꾸면 이해가 더 쉽다 — 와 타조는 새라는 항목 아래에 배열되었고, 상어와 연어는 물고기 항목 아래에 배열되었다. 그리고 새와 물고기는 동물이라는 더 높은 항목 아래에 배열되었다. 아래 항목으로 갈수록 세부적인 특징이 많이 저장되고 위 항목으로 올라갈수록 아래 항목에서 공통되는 요소들을 많이 저장하고 있다. 가령 이런 식이다. 카나리아 항목에는 카나리아만의 특징인 "노래한다, 작다"가 저장되고 타조 항목에는 타조의 특징인 "길고 가는 다리, 키가 크다, 날지 못한다"만이 저장된다. 그리고 그 위 항목인 새에서는 새의 특징인 "날개가 있다, 날 수 있다, 깃털이 있다"만 저장되며 동물의 항목에서는 동물 전체의 특징인 "피부가 있다, 움직인다, 먹는다, 숨쉰다"는 것이 저장된다. 카나리아와 새는 모두 날개가 있긴 하지만 날개는 카나리아와 타조의 항목에 공통으로 저장되지 않고 한 단계 높은 새의 특징으로 한 번만 저장되는 것이다.

이러한 것은 우리의 머릿속에 기억할 내용들을 체계적으로 저장함으로써 인지적으로 절약하기 위한 것이다. 만약 우리가 카나리아는 "노래한다", "작다"뿐만 아니라 새의 특징인 "날개", "깃털", "날 수 있다", 그리고 동물의 특징인 "피부"와 "숨", "움직임" 등을 모두 저장하려면 많은 노력이 들기 때문이다. 그러므로 이러한 구조는 기억의 효율성을 보여준다고 할 수 있다.

● 증명 – 기억의 효율성

이러한 사실은 간단한 실험을 해보면 잘 알 수 있다. 다음과 같은 질문이 맞는지 혹은 틀린지를 얼마나 빨리 답하는지 시간을 체크해 보라.

	빠름				느림
A: "종달새는 작다"	_1	2	3	4	5_
B: "종달새는 날개가 있다"	_1	2	3	4	5_
C: "종달새는 피부가 있다"	_1	2	3	4	5_
D: "종달새는 지느러미가 있다"	_1	2	3	4	5_
E: "종달새는 먹을 수 있다"	_1	2	3	4	5_

아마도 A와 B는 비교적 빨리 답을 했을 것이다. 그러나 C와 D에서는 조금 느려졌을 것이다. 그리고 E에서는 좀더 많은 시간이 걸렸을 것이다. 그리고 D와 같이 틀렸다고 답해야 하는 문항이 나오는 것은 정확한 반응을 유도하기 위한 실험상의 조치이다.

이 실험에서 A와 B 문항에 빨리 답할 수 있는 것은 종달새의 특징을 고스란히 담고 있기 때문이다. 하지만 C에서는 A와 B보다 느려지는데, 이는 앞서 본 것처럼 피부가 있다는 특징은 종달새에 붙어 있는 것이 아니라 상위 수준인 동물이라는 항목에 붙어 있기 때문이다. 그 때문에 앞의 망상모델 그림에서 "새" 항목을 지나고 "동물" 항목까지 올라가야 하므로 그 시간만큼 답하는 속도가 느려지는 것이다. 그리고 E

의 경우에는 사람마다 답이 달라지긴 하겠지만, 먹을 수 있다는 특징은 종달새에 붙어 있는 것도 아니고 새 혹은 동물에 붙어 있는 것도 아니다. 새 혹은 동물 중에서도 먹을 수 있는 것이 있는가 하면 그렇지 않은 것도 있기 때문이다. 그 때문에 먹을 수 있다는 특징을 찾기 위해 여기저기 헤매지만 결국 찾을 수 없기 때문에 답하는 속도가 느려지는 것이다. 물론 이러한 시간 차이는 굉장히 작다.

이러한 실험을 보면 우리가 기억을 할 때에는 체계적으로 또 효율적으로 기억한다는 것을 알 수 있다. 즉 종달새는 "노래한다", "작다"의 특징뿐만이 아니라 새의 특징과 동물의 특징을 모두 기억하려고 하면 많은 특징을 모두 외워야 할 것이다. 하지만 종달새만이 갖고 있는 특징을 기억하면 나머지는 새와 동물의 특징에서 찾을 수 있으므로 굳이 종달새를 기억할 때 새와 동물의 특징까지 기억하지 않아도 되는 것이다. 이처럼 우리의 기억은 체계적으로 저장되어 있어 효율적이다. 이 부분은 기억의 조직화(체제화)와도 관련이 많다. (119쪽 참조).

혀끝에서 맴돌기 - 설단현상

그런데 이렇게 체계적으로 저장하지 않고 아무렇게나 저장하면 어떻게 될까? 여러분은 시험을 치다가 분명히 알고 있는 것이 기억이 나지 않아 애를 먹은 경우가 있을 것이다. 또는 친하게 지내는 친구를 만났을 때 그 친구의 이름이 갑자기 생각나지 않아 당황한 경험이 있을 것

실제 실험의 결과

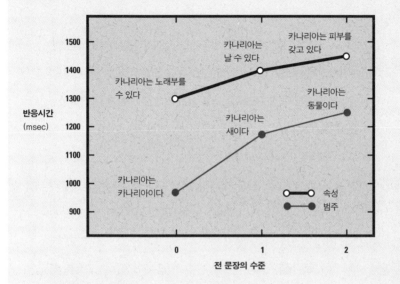

속성이나 범주에 따라 반응시간이 차이가 남을 알 수 있다.
반응시간이 클수록 느린 것이다.

이다. 이것은 우리가 분명히 알고 있기는 하나 어디에 저장해 놓았는
지 알지 못해 기억해내지 못하는 것이다. 입사면접 때 이런 일이 닥치
면 안타까운 일이 아닐 수 없다. 혀끝에서 튀어나올 듯 말 듯 맴돈다
하여 이것을 말 그대로 설단현상(舌端現象, tip-of-the-tongue phenomenon)이

라고 한다.

간단한 실험을 해보자. 아래에 기술한 것이 무엇에 대한 것인지 답을 맞혀보기 바란다.

> **각도를 계산하거나 측정하는 제도용구이다. 보통 반원형(半圓形)의 얇은 판(셀룰로이드, 플라스틱 등)에 180도의 눈금을 새긴 것이 사용된다. 간혹 전원형(全圓形)에 360도의 눈금을 새긴 것도 있으며, 얇은 금속판을 사용한 것도 있다.**

이에 여러분은 즉각적으로 '각도기'라고 대답할 것이다. 맞다. 그렇다면 설단현상이 일어나지 않은 것이다. 설단현상은 분명히 알거나 혹은 전혀 모를 때에는 일어나지 않기 때문이다. 그러면 각도기 말고 다른 말로 대답해 보라. 초등학교 시절에 사용한 용어가 있다. 그것을 떠올려 보라. 아마 쉽지 않을 것이다. 그래도 계속 떠올려 보라. 이경우 그 다른 용어를 아예 모른다면 그냥 넘어가기 바란다. 아예 모를 경우에도 역시 설단현상이 따라오지 않기 때문이다 ─ 대신 여러분이 설단현상을 일으킬 만한 다른 것을 떠올려 보라.

설단현상을 겪을 때 사람들은 그 명칭을 회상하기 위해 소리를 이용하기도 하고 의미를 이용하기도 한다. 그래서 비슷한 음을 가진 명칭을 몇 개 떠올리기도 하고 또는 비슷한 의미를 가진 용어를 몇 개 떠올리기도 한다. 그렇지만 그러한 것들이 자신이 찾고 있는 단어가 아니라는 것 또한 잘 알고 있다.

실제 연구 결과를 보면, 설단현상은 일상생활에서 1주일에 한 번씩은 일어나며, 나이가 많아짐에 따라 더 자주 일어난다. 그리고 대부분은 아는 사람의 이름에서 나타난다. 그리고 50%의 사람들이 첫글자를 추측할 수 있고 또 절반 정도의 설단현상은 1분 안에 해결되는 것으로 나타난다고 보고되고 있다.[4]

가령 위 문제를 풀면서 지금 여러분은 다음과 같은 경험을 하고 있을 것이다. 이것은 어떤 그림을 본 후 그것의 단어를 맞추라는 실험[5]에서 한 피험자가 중얼거린 내용을 순서대로 나열한 것이다. 정답은 앵커 (anchor), 즉 닻이다.

— "배의 부품 중의 하나이다."

— "그런데 이걸 뭐라고 부르더라."

— "그래, 행거(hanger)는 아냐."

— "오, 제길. 쉬운 건데."

— "이게 그… 뭐더라."

— "그들이 이걸 배안에 집어 던지던가?"

— "무엇이라고?"

— "행거(hanger)는 아니고."

— "오, 곧 생각날 것 같다."

— "해머(hammer)와 비슷한 건데."

— "행거(hanger), 어… 앵크, 앵크…"

— "그래 맞아. 앵커."

여러분은 이런 과정을 거치고 있지 않는가? 아직도 입안에서 맴돈 다면 빨리 정답을 보기 바란다. 입안에서 맴도는 상황이 그리 유쾌한 상황은 아니기 때문이다. 앞에서 필자가 제시했던 문제의 정답은 '분도기'이다. 이제 시원해졌을 것이다. 설단현상은 재채기를 하기 직전의 상황과 유사해서, 재채기가 터질락말락하는 약간 고통스런 상황(설단현상)이 따르고, 막상 재채기가 터지면(회상 성공) 오히려 시원하고 안정감이 뒤따른다.

설단현상은 우리가 알고 있다는 것을 자신하고 있으면서도 어떤 단어나 이름을 회상하지 못하는 것이다. 마치 찾으려는 심리학 책이 법학 서가에 잘못 꽂혀 있어서 그 책을 심리학 서가에서 못 찾는 것과 같다. 이처럼 설단현상이 일어났을 때에는 찾는 것을 잠시 중지하고 다른 것을 하다 보면 떠오르는 경우가 있다.*

심리학 서가를 지나 우연히 법학 서가에 갔을 때 우리가 제자리를 벗어나 잘못 놓여 있는 그 심리학 책을 찾을 수 있는 것처럼 말이다.

* | 생각나지 않을 때는? | 영국 런던 골드스미스 대학 연구팀에 의하면 애써 생각할 때와 잠시 생각을 멈출 때 발생하는 뇌파가 각각 다른데, 생각을 멈출 때 나오는 뇌파가 기억을 떠올리는 데 도움을 준다고 한다.
생각이 나지 않을 때 집중을 하면 할수록 뇌 두정엽(정보를 통합하는 역할을 하며 뇌 상부 뒤쪽에 위치해 있다) 부분에 감마파(γ)가 증가하는 것으로 나타났다. 연구팀은 뇌에 감마파가 늘어날수록 초조해져 교착상태에 빠지게 된다고 설명한다.
연구를 이끈 바타차랴 박사는 "갑자기 생각이 나지 않을 때는 계속 생각하지 말고 다른 생각을 하면서 안정을 취하는 것이 좋다"며 "가만히 있다가 갑자기 '아하' 하고 떠오르는 것은 이 때문"이라고 설명했다.

정보에 대한 기억 - 서술기억

우리의 장기기억은 두 종류의 기억

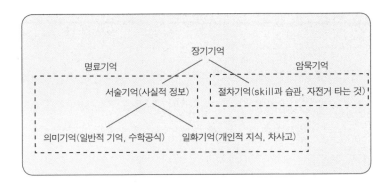

재료로 저장되어 있다. 친구의 이름이 무엇인지, 내 생일이 언제인지, 한글을 창제한 왕은 누구인지와 같은 지식으로 되어 있는 기억이 있는가 하면, 자전거나 인라인을 타는 법이라든가 컴퓨터 자판을 치는 법에 대한 기억도 있다. 앞의 기억은 어떤 것에 대한 정보에 관한 것이고, 뒤의 기억은 어떤 것을 하는 방법에 관한 것이다. 앞의 것을 서술기억(declarative memory)이라 하고 뒤의 것을 절차기억(procedural memory)이라고 한다.

서술기억은 지식이라 부를 수 있는 기억이다. 이러한 기억은 2+2=4, 뒷집 철수네 형제자매는 몇 명인지처럼 사실에 관한 기억일 수 있고, 또는 작년의 휴가처럼 우리의 경험을 기억하고 있는 것일 수도 있다. 앞의 것을 의미기억(semantic memory)이라 하고 뒤의 것을 일화기억(episodic memory)이라 한다.

● 잘 잊혀지는 기억 - 의미기억

의미기억에서는 원리라든가 규칙이 저상된다. 여러분은 대한민국의 수도는 어디인지, 3차 방정식의 해를 내는 방법은 어떤 것인지, 확률에서 표준편차란 무엇인지, 미국의 디트로이트에서 주로 생산되는 제품이 무엇인지, 조선의 건국이 누구에 의해 이루어졌으며 나 혼자만 알고 있는 어떤 수수께끼의 정답에 관해 무엇인가 알고 있을 것이다. 이처럼 우리가 학교에서라든가 누구로부터 들어서 배운 여러 지식들이 주로 의미기억이다. 하지만 이러한 기억은 내용만 남아 있을 뿐 우리가 누구한테 들었는지, 언제 어디에서 배웠는지 잘 기억하고 있지는 못한다.

의미기억의 한 가지 특징은 잊어버리기 쉽다는 것이다. 자주 사용하지 않으면 저절로 잊혀진다. 위 질문에서 대한민국의 수도를 모르는 사람은 없을 것이다. 그만큼 쓰임새가 많기 때문이다. 하지만 학교를 졸업한 지 오래 되었다면 3차 방정식의 해를 내는 방법이라든가 표준편차, 영어 문법 등에 관해서는 기억이 몽롱할 것이다. 분명히 배웠는데 기억이 잘 나지 않는 것이다. 그래서 "영어 실력이 가장 좋았던 때가 고3 때였다"는 중년 아저씨들의 하소연을 들어본 적이 있을 것이다. 그 시절에 잘 알고 있던 영어 문법을 사용하지 않다보니 거의 잊어버린 것이다.

● 아름다운 과거 – 일화기억

이에 반해 일화기억은 우리가 경험한 사실에 관한 기억들이다. 우리가 처음 데이트를 한 때가 언제이고 처음 자전거를 타다가 크게 다친 때가 언제이며 초등학교 졸업식 때 벌어졌던 어떤 일 등에 관한 기억이다.

이런 기억은 잘 잊혀지지 않는다. 여러분은 지금부터 정확히 두 달 전 둘째 화요일 오후 3시에 무엇을 하고 있었는가? 이런 질문을 받으면 당혹스럽다. 일주일 전 일도 가물가물 한데 두 달 전 기억을 물어보니 말이다.

하지만 여러분은 대략 그 때 무엇을 하고 있었는지 기억을 해볼 수 있다. 여러분은 아마 달력을 보면서 이런 식으로 기억을 시도할 것이다. "그때는 ○○○를 했던 날 이틀 전인데…."

다음은 한 실험에서 대학생에게 2년 전 9월 셋째 주 월요일에 무엇을 했는지 기억해 보라고 했을 때 그가 보인 반응이다. 처음에는 무척 당황했던 그는 그래도 대답을 해보라는 요구를 받고는 다음과 같이 반응을 했다.[6]

- 2년 전?

- 그때는 고등학생 시절이었고 …

- 3학년이었지.

- 9월 셋째 주라면… 여름이 끝난 지 얼마 안되었을 땐데 …

- 내 생각엔 월요일 오후에는 화학시간이었는데…

- 그래서 난 화학 실험실에 있었을 가능성이 많은데…

- 맞아. 그때가 세번째 주였어. 그때 우린 수기율에 대해 공부하고 있었어.

- 공부할 게 너무 많아 걱정을 했었지.

- 맞아. 난 그때 거기 앉아 있었는데…

그의 기억이 정확한 것인지는 확인하기 어렵지만, 이 피험자는 대략적으로나마 2년 전 어느 특정한 날을 기억해 낸 것이다.

누구에게나 과거는 있게 마련이며 과거의 어떤 일에 대한 기억이 일화기억이다. 즐겁든 괴롭든 이런 왕년의 기억은 정확한 날짜는 잘 기억하고 있지 않지만 아주 생생한 기억이다. 그리고 여러 단서를 활용하면 정확한 날짜도 기억해낼 수 있다. 가령 '생일이 지난 지 며칠 안됐을 때'라든가 '명절 전이었지' 등과 같은 단서들이다.

잘 나가던 왕년의 기억은 술자리에서든 일반 대화에서든 가끔씩 등장한다. "내가 그 때는 어땠었지."라는 식이다. 특히 군대에 갔다 온 사람이라면 누구나 한두 개의 "내가 군에서는 말이야" 식의 영웅담을 이야기하곤 한다.

꼭 잘 나가던 때만의 기억뿐만 아니라 쓰라리거나 고통스런 기억들도 떠오를 때가 있다. 패배와 좌절, 수치, 회한 등의 경험에 관한 것들이다. 이런 것들도 잘 잊혀지지 않는다. 당시에는 상당한 감정적인 반응을 겪어 힘들었겠지만, 이런 기억들도 시간이 지날수록 공포나 분노 등 부정적인 감정이 약화되는 경향이 있다. 그래서 먼 훗날에는 차분히 회고해 볼 수 있는 것이다.*

그래서 세월이 약이다. 인간에게는 평생 동안 '기본적인 행복 수준'을 유지해 주는 '행복조절장치'가 있다고 한다. 그 때문에 행복도 절망도 길어봐야 2년이며, 충격이 클수록 더 빨리 회복된다고 한다. 이것은 프랑스, 영국, 미국 경제학자들이 20년간 독일인을 대상으로 삶의 만족도를 분석한 결과이다. 즉 살다보면 부정적이든 긍정적이든 큰 사건이 일어나 행복에 영향을 미치지만

* | **날씨와 기억** | 희한하게도 이런 것은 우중충한 날씨거나 마음이 울적할 때 잘 떠오른다. 실제로 흐린 날씨에 느끼는 가라앉은 기분은 기억을 더 예리하게 하고 기억력을 증강시키는 데 도움을 준다는 연구결과가 있다(Forgas, 2009). 한 쇼핑센터 계산대에 10개의 작은 장식품을 진열해 놓은 뒤 무작위로 피실험대상을 골라 날씨가 맑은 날과 흐린 날 10개의 장식품 중 몇 개를 기억하는지 조사했더니 흐린 날씨로 인해 우울함을 느끼는 사람들이 기억하는 장식품의 개수는 그렇지 않은 사람에 비해 3배 가량 더 많은 것으로 나타났다는 것이다.
연구자에 의하면 흐린 날씨가 주는 우울한 기분은 사람들이 그들의 주위에 있는 것들로부터 오는 집중력을 향상시켜 주는 반면, 행복하고 밝은 기분은 편안함과 건망증을 증가시킨다고 한다.《서울신문》, 2009. 4. 19)

행복조절장치가 작동해서 머지않아 종전 상태로 되돌려 놓는다는 것이다. 이 때문에 사고로 장애자가 된 사람도 몇 년 지나면 이런 불운을 겪지 않은 사람들과 비슷한 수준의 행복감을 느끼게 되고, 거액의 복권에 당첨된 사람이라 할지라도 얼마 지나면 행복감을 느끼지 못하게 된다.

또 사람들은 과거의 일을 떠올릴 때 긍정적이고 즐거운 측면만 부각시킨다.**

캐나다의 한 대학 연구팀의 연구 결과를 보면 정신적으로 건강한 사람은 개인적으로 중요한 과거의 사건에 대해 전반적으로 긍정적으로 생각하려 하는 경향을 보였다고 한다. 그 때문에 대개 쓰라렸던 과거

를 회고하더라도 당시에 겪었을 부정적인 감정을 경험하지는 않는다. 그래서 정신적으로 건강한 대부분의 사람에게 지나간 과거는 대개 아름다운 것으로 남아 있다.

몸으로 익히는 기억 - 절차기억

여러분은 어렸을 때 자전거를 배웠을 것이다. 그리하여 몇 년간 열심히 자전거를 탔을 것이다. 하지만 그로부터 몇 년 혹은 몇 십 년이 지난 지금까지 자전거를 한 번도 타지 못했을 수도 있다. 그렇다고 하여도 자전거를 타는 방법을 머릿속에서 완전히 잊어버린 것은 아니다. 지금 당장 자전거가 눈앞에 나타난다면 여러분은 옛날처럼 자전거를 아주 잘 탈 수 있다. 뿐만 아니라 여러분은 탁구를 치는 방법과 기타를 연주하는 방법을 알고 있을 것이고, 컴퓨터 자판을 어떻게 쳐야 하는지도 알고 있을 것이다.

자전거를 타든, 탁구를 하든, 기타를 연주하든, 자판을 두드리든 간

** | **노인의 뇌** | 추악한 일이나 장면을 대했을 때, 젊은이들은 감정을 강하게 개입시키며 기억하는 반면, 노인들은 감정 개입을 줄이고 이성으로 걸러 추악한 기억이 가능한 한 남지 않게 한다고 한다. 캐나다 앨버타 대학교 의대와 미국 듀크 대학교의 공동 연구진은 신체 일부가 잘라져 나간 사진 등 추악한 사진을 보통 사진과 섞어 20대와 70대의 피험자에게 보여 주면서 사진에 대한 감상을 '아주 기분 나쁘다', '보통이다' 등으로 점수를 매기도록 했다. 그리고 이 과정에서 피험자들의 뇌 작동 방식을 촬영했다. 뇌 스캔 촬영 30분 뒤 연구진은 불시에 피험자들에게 아까 본 사진 내용을 기억하라고 시켰다. 그러자 70대는 20대보다 기분 나쁜 사진을 특히 잘 기억해내지 못했다. 추악한 기억을 벌써 지워버린 것이었다. 즉 젊은 사람보다 노인은 감정 조절 능력이 뛰어나 흥분되는 사건이 있어도 상대적으로 영향을 덜 받는다는 것을 보여준다.(KorMedi닷컴, 2008. 12. 17)

에 여러분들이 예전에 이런 일에 능숙했다면 몇 년간 그런 경험이 없더라도 지금 당장 닥치면 아무런 어려움 없이 그 일을 해나갈 수 있다.

하지만 그것을 어떻게 해야 되는지에 대해서는 말로 표현하기가 어렵다. 가령 여러분에게 어떤 초보자가 가르침을 받고자 왔다고 해보자. 그렇다면 여러분은 그에게 자전거를 타는 법과 탁구를 하는 방법 혹은 타자를 치는 방법을 알려주기 위해 설명을 시도할 것이다. 하지만 그런 설명은 스스로 느끼기에도 만족스럽지 못하다. 여러분이 설명을 충분히 하기도 어려울 뿐만 아니라 초보자가 그대로 따라하기도 쉽지 않다. 이러한 것은 여러분의 설명력이 부족해서가 아니다.

이러한 것이 절차기억이다. 절차기억은 우리가 어떤 일을 행할 때 절차와 관계 있는 기억이다. 탁구를 제대로 하기 위해서는 라켓을 잡는 법부터 시작하여 공을 날리는 방향, 혹은 강도까지 하나씩 배워가면서 되풀이했을 때 우리 기억 속에 저장되는 기억이다. 수영을 배우는 것이나 인라인 스케이트를 배우는 것처럼 이런 기억은 연습과 관련이 있다. 연습을 많이 할수록 기억에 더 많이 저장된다.

이처럼 절차기억은 수행을 통해서 나타나는 기억이다. 그래서 절차기억은 우리가 알고 있다고 잘 인식하지 못한다. 여러분은 자판을 보지 않고서도 아주 재빠르게 글자를 입력할 수 있을 것이다. 그리고 자전거가 산악용이든 경기용이든 종류에 관계없이 올라타서 훌륭하게 자전거를 운전할 것이고, 게임을 하면서 조종간을 아주 미묘하게 움직이면서 게임을 운영해 갈 것이다.

하지만 여러분은 자판 배열이 어떻게 구성되어 있는지 질문을 받으

면 즉각 대답하기가 어렵다. 아마도 어떤 글자를 치는 것을 상상해야
만 자판 배열이 어떻다는 것을 알 수 있게 될 것이다. 그리고 게임의 조
종간을 움직이는 방법을 가르쳐 줘야 한다면 어느 정도의 빠르기로 어
느 정도의 힘을 써서 어느 정도로 움직여야 하는지 설명하기가 대단히
어렵다. 몸에 배여 있어 능숙하긴 하지만 말로 표현하기는 극히 어려
운 것이다. 즉 '감'이란 것이다.

● 서당개 3년이면 풍월을…

여러분이 식당을 운영하려고 준비한다고 하자. 까다로운 한 가지 문제
는 그날의 식자재를 얼마나 준비해야 하는지에 관한 것이다. 문구점이
나 철물점처럼 그날 팔고 남은 것을 다음날 팔 수 있는 것과는 달리 음
식점에서는 하루치를 정확하게 예측해야 한다. 너무 많이 주문했다간
상해서 버려야 할 것이 많을 것이고, 너무 적게 주문했다간 손님을 돌
려보내는 사태가 벌어질 것이다.

　이러한 것은 물론 그날 손님이 얼마나 되느냐에 따라 달라진다. 손
님이 많을 것 같은 날에는 많이, 손님이 적을 것 같은 날엔 적게 식자재
를 준비해야 한다. 하지만 손님은 매일 일정한 수로 찾아오지는 않는
다. 요일이나 날씨 등에 따라서도 달라진다.

　하지만 작은 식당이라도 몇 년간 운영해온 사람이라면 별 어려움 없
이 이러한 수요와 공급을 잘 맞춰나간다. 저녁식사 시간이 끝난 늦은
시각에 돌솥밥 집을 찾아가면 재료가 떨어졌다는 이야기를 듣게 된

다. '더도 말고 덜도 말고'인 것이다. 손님 입장에서는 다음날을 기약하는 수밖에 없다. 여기에는 어떤 공식이 있어서가 아니다. 하다보니 그렇게 되더라는 것이다. 말 그대로 서당개 3년에 풍월을 읊는다는 이야기다.

실험을 보자.[7] 컴퓨터 시뮬레이션을 이용한 실험에서 피험자들은 설탕 공장의 월 생산량을 일정한 수준(8,000~10,000톤)으로 유지해야 했다. 생산량이 일정 수준 이하가 되면 팔 제품이 없어 매출이 떨어지고, 일정 수준 이상이 되면 재고 부담이 늘어나기 때문이다. 실험에 참가한 피험자들은 투입하는 인원(노동력의 양)을 조절함으로써, 즉 인원을 100명 단위(100명, 200명 등)로 늘리거나 줄임으로써 일정 수준을 유지해야 했다. 매번 같은 인원을 계속 투입한다 하여 생산량이 일정한 것도 아니었다.

이런 식이다. 뒷페이지의 도표에서 보는 것처럼 첫달의 생산량이 6,000톤이었다. 기준량보다 부족하므로 대략 700명을 투입해 보았더니 다음달에는 8,000톤이 생산되었다. 8,000톤은 기준량에는 포함되지만, 조금 더 늘려도 되므로 전달보다 인원을 200명 늘려 900명을 투입했다. 그랬더니 이번에는 10,000톤이 되었다. 그래서 조금 줄여도 될 것 같아 다음 달에는 100명을 줄여 800명을 투입했더니 7,000톤으로 뚝 떨어졌다. 이것은 기준량보다 부족하므로 이번에는 200명을 더 늘려 투입했는데 생산량이 기준량을 넘는 12,000톤이 나왔다… 하는 식이다.

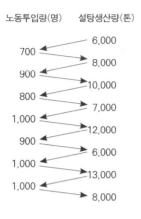

노동투입량(명)　　설탕생산량(톤)

700	→	6,000
900	→	8,000
800	→	10,000
1,000	→	7,000
900	→	12,000
1,000	→	6,000
1,000	→	13,000
	→	8,000

　위에서 보는 것처럼 같은 노동력을 투입해도 생산량이 서로 다름을 알 수 있다. 900명을 투입했을 때 어떤 때에는 10,000톤이 생산되었지만 또 어떤 때에는 6,000톤만이 생산되었다. 같은 노동량을 투입해도 생산량은 들쑥날쑥인 것이다. 하지만 이런 실험을 계속 하다보면 노동량과 생산량 간에는 어떤 규칙이 있을 것이란 생각이 경험상으로 들게 된다. 하지만 그 규칙이 어떤 것인지는 선뜻 알아차리기가 어렵다.

　이런 시행을 60번 해보니 대다수의 피험자들이 생산량을 잘 조절할 수 있었다. 즉 60번을 해보니 '감'이 온다는 이야기다. 하지만 피험자들은 생산량과 노동투입량 간에 있을 법한 그 어떤 규칙을 말하지는 못했다 ― 그 규칙은 대략 '생산량＝노동력×2 – 지난 달 생산량'이다. 대신 그들은 '어떤 느낌'이나 '직관'에 따라 했다고 말했다. 즉 그러한 공식을 알지는 못했지만, 어떻게 하면 생산량을 맞출 수 있는지 '감'으로 알게 되었다는 것이다.

　이런 의미에서 본다면 식당을 처음 열 때 첫 두 달 동안은 손님과 식자재의 수요 공급을 제대로 맞추지 못해 시행착오를 할 수도 있다. 하지만 이처럼 두 달(60번)이 지나면 '감'을 잡게 된다. 그래서 요일에 따라 혹은 날씨에 따라 달라지는 손님의 수요를 거의 정확하게 예측할 수 있게 된다.

● 직관과 감

그러므로 '감'이나 '직관'은 허황된 것이 아닐 수도 있다. 고참 형사나 전쟁 베테랑이 '느낌이 안좋아' 할 때에는 그만한 이유가 있을 수도 있다. 또 전문 경영인이 관련 자료를 무시하면서까지 '직관'에 따라 의사결정을 하는 경우도 있다. 이러한 것은 수많은 수행과 의사결정을 하다보니 눈에 보이는 데이터 이외의 무언가가 있다는 것을 '감'으로 느낀다는 것이다.

　생명이나 회사의 운명이 걸릴 정도의 중요한 결정은 아닐지라도 '감'으로 판단하는 것은 실생활에서도 많이 볼 수 있다. 도자기를 굽는 명인은 불의 색깔을 보고 온도를 판단하고 옷 수선의 명인도 척 보면 답이 나온다. 이들에게는 온도계나 자가 필요 없다. 물론 결과는 만족스럽다. 우리의 어머니들도 음식에 간을 할 때 고춧가루나 소금을 계량기로 따져가면서 넣지 않는다. 그래도 우리는 어머니의 그 '손맛'을 알고 있다. 이러한 것은 오랜 경험으로 이룩한 번뜩이는 '감'의 발로인 것이다. 수많은 수행을 통해 이런 감을 가진 사람을 우리는 명장(名匠)이라고 부르고 요샛말로는 달인이라고 한다.*

"아, 왜 답을 고쳤지?" - 암묵기억

기억을 다른 기준을 사용하여 구분하면 암묵기억과 명료기억으로 구분할 수 있다. 앞서 본 서술기억(의미기억+일화기억)은 명료기억에 해당하고 절차기억은 암묵기억에 해당한다. 명료기억은 우리가 '알고 있다'고 생각하는 기억이다. 가령 구구단을 외우는 것이라든가 방정식 푸는 방법, 혹은 외국어를 배울 때의 문법이나 단어와 같은 것이다. 우리가 풀 수 있거나 생각나면 우리가 알고 있는 것이고, 풀 수 없거나 생각이 나지 않으면 우리가 모르는 것이다. 이처럼 명료기억은 우리가 알고 있다거나 모르고 있다는 것이 명확하다.

그러나 암묵기억은 우리가 알고 있는 사실을 잘 알지 못하는 기억이다. 가령 학창시절에 이런 경험이 있을 것이다. 시험을 치를 때 문제를 읽어보니 언뜻 떠오르는 답이 보기 중에 있었다. 일단 그 답을 표시하고 난 후 다시 한 번 자세히 생각해보니 그것이 정답이 아니고 다른 답일 것

*| **달인** | 어느 정도의 시간을 투자해야 달인의 경지에 오를 수 있을까? 그 마법의 시간은 '1만 시간'이란 연구가 있다. 남들보다 뛰어나게 무언가를 이루려 한다면 특정 분야에서 최소한 1만 시간을 투자해야 두각을 나타낼 수 있다는 것이다.
캐나다 몬트리올 맥길대의 심리학과 교수 대니얼 레비틴 박사는 독일 베를린 음악학교에서 다섯 살 정도에 바이올린을 시작한 학생들이 20살이 될 때까지 연습한 시간을 계산해 보았다. 그 결과 20살이 되었을 때 엘리트 연주자로 평가받는 학생의 누적 연습시간은 1만 시간이 넘었지만, 단지 좋은 학생이란 평가를 받는 연주자는 누적 연습시간이 8천 시간 정도에 머물렀다. 누적 연습시간이 1만 시간을 넘었다는 것은 하루에 3시간씩 또는 일주일에 20시간 이상씩 10년 동안 꾸준히 연습했다는 것을 말한다.
실제로 비틀즈는 1960~62년 사이 독일 함부르크에서 일주일 내내 하루도 쉬지 않고 매일 밤 8시간 이상씩 연주했으며, 앨범을 내기 전 이미 라이브 공연을 1,200번 이상 마쳤다고 한다. 이 정도의 라이브 공연은 보통 밴드들이 평생 해내기도 힘든 분량이다. 이러한 연습과 공연을 바탕으로 비틀즈는 1964년 첫 히트곡을 냈으며, 40년이 흐른 지금도 그들의 음악은 많은 사람의 사랑을 받고 있다. (KorMedi, 2008.11.25)

같아 정답을 바꾸었더니 '틀린' 경우가 있었을 것이다. 속 터지는 경험이다. 그래서 문제가 나왔을 때 제일 먼저 떠오르는 답을 '찍으면' 70%는 정답이라는 말이 틀린 것이라고 할 수 없는 이유가 이런 암묵기억의 작용 때문이다.

암묵기억의 한 가지 특징은 우리가 논리적으로 그것에 대해 설명을 하는 것이 거의 불가능하다는 것이다. 우리가 그것에 대해 알고 있는 사실 자체를 우리는 모르고 있기 때문이다. 그래서 위와 같은 시험문제에 언뜻 생각난 그 답을 왜 골랐는지 물어보면 대답을 할 수가 없다.

비단 시험문제와 같은 경우만은 아니다. 여러분이 어떤 이성을 만났을 때 첫눈에 '이 사람이 나의 이상형'이라는 생각이 들 때가 있었을 것이다. 하지만 왜 그 사람이 자신의 이상형인지 말로 표현하기가 어렵다. 그리고 여러분이 어떤 중요한 의사결정을 내려야 할 때에도 제일 먼저 머릿속에 떠오르는 여러분의 대안이 있을 것이다. 하지만 이런 대안은 주로 부모님이나 친구 혹은 상사의 반대로 실행에 옮겨지지 못한다. 왜냐하면 이것도 여러분이 논리적으로 그들에게 설명할 수가 없기 때문이다.

● 감춰져 있는 시스템

일반 사람들에게 있어 명료기억과 암묵기억의 구분 — 혹은 서술기억과 절차기억의 구분 — 은 별 의미가 없을 수도 있다. 하지만 암묵기억은 기억상실증에 걸린 사람들이 어떻게 생활을 유지해 나갈 수 있는지에 대한 좋은 답이 된다. 기억상실증 환자들을 보면 이들은 어떤 사고 이후의 일들을 기억하는 데 어려움이 있다든지(순행성 기억상실증) 혹은 사고 이전의 일들을 기억하지 못하는 경우(역행성 기억상실증)가 있다. 하지만 공통적으로 이들은 일상생활에 필요한 일은 잊어버리지 않는다. 가령 밥을 먹는 것, 운전을 하는 것, 물건을 사는 것, 전화기를 사용하는 방법 등등은 잊어버리지 않는다. 기억상실증 환자들은 이런 행동들을 암묵적으로 기억하고 있기 때문이다.

그래서 다음과 같은 옛 이야기가 성립할 수 있다.

한 사나이가 신궁(神弓)이 되고 싶어 활로 유명한 산속의 도사를 찾아갔다.… 도사는 10년 동안 활을 가르쳐 주겠노라고 했다. 사나이는 신궁이 되기 위해 그 세월 동안 수많은 연습을 했다.

… 어느덧 10년이 흘렀다. 사나이는 겨누기만 하면 어느 것이든 활을 쏘아 맞출 수 있게 되었다. 드디어 신궁이 되었다고 생각한 사나이는 스승께 이만 하산하겠노라고 했다. 하지만 스승은 사나이가 활을 잘 쏘긴 하지만, 신궁은 아니라며 다시금 10년을 더 배우라고 했다. 신궁이 되기 위한 그의 목적을 이루지 못한 사나이는 10년을 더 배우기로 했다.

하지만 나머지 10년 동안 스승이 그에게 가르쳐 준 것은 활을 쏘는 것이 아니라 활을 잊도록 하는 것이었다. 이전 10년 동안 열심히 활만을 생각하며 지내왔는데, 그것을 잊어버리는 것은 활을 배우는 것보다 더 힘이 들었다.

… 어느덧 또 10년이 흘렀다. 어느 날, 사나이가 스승의 방에 들어왔을 때

스승은 벽에 세워진 활을 가리키며, 저것이 무엇이냐고 물었다. 사나이는 그것이 무엇인지 전혀 몰랐다. 10년 동안 활에 대한 모든 것을 잊어버린 것이었다.

마침내 스승은 사나이를 이끌고 문밖으로 나갔다. 멀리 하늘에는 기러기 떼가 날고 있었다. 스승은 사나이에게 앞에서 세 번째 날아가는 기러기를 떨어뜨려 보라고 했다. 하지만 사나이에겐 활이 없었다. 다만 그는 세 번째 기러기를 지켜보기만 했다. 그러자 세 번째 기러기는 땅으로 떨어졌다. 드디어 그는 신궁이 된 것이다.

과학적인 눈으로 보면 과장된 면이 있다. 현대판으로 각색을 하면, 스승이 세 번째 기러기를 떨어뜨려 보라 했을 때 아마도 스승이 손수 들고 나온 활을 건네주었을 것이다. 제자인 사나이는 첫 10년 동안 활을 열심히 배웠고, 나머지 10년 동안 활을 잊어버리도록 훈련을 받았지만, 다시금 활을 들었을 때에는 옛날의 그 '백발백중'이 자신도 모르는 사이에 다시금 떠올랐을 것이다.

이처럼 암묵기억(서술기억)은 시행을 통해서 배우게 되는 지식이다. 뭐라고 설명할 수 없는 지식이지만, 다행스럽게 이러한 암묵기억은 축구나 야구와 같이 승부가 있는 스포츠, 혹은 화재나 지진 같은 자연재해, 혹은 전쟁과 같이 인간 생존이 걸린 문제에서는 중요한 역할을 한다. 축구 경기를 보면 아무도 없는 곳으로 길게 찬 듯한 공인데, 그 공이 자기편으로 연결된다. 람보와 같은 전쟁영웅 혹은 『다이하드』 시리즈의 존 메케인은 적들을 맞이하면서 본능적으로 움직인다. 기억상실증에 걸린 '본 시리즈'의 제이슨도 자기가 누구인지 알지 못하지만 위급한 순간에는 과거의 전력이 드러난다. 이들 모두는 말 그대로 동물적 감각을 보인다. 말 그대로 생각하기 전에 뛰는 것이다. 그래도 그 결과는 항상 만족스럽다.

하지만 모든 사람에게 있어서 이러한 동물적 감각이 발휘되는 것은 아니다. 암묵기억은 수행(연습)을 통해서 증가한다는 것을 기억해야 한다. 기술이 암묵기억이 되어 효과를 발휘하기 위해서는 수많은 연습이 필요하다. 신궁이 된 위 사례의 젊은이는 20년이란 세월이 걸렸으며, 전쟁영웅 람보나 『다이하드』의 존 메케인도 수많은 경험을 거친 노련한 베테랑들로 영화에서 묘사된다. 이러한 경험들이 끊임없는 노력을 통해 체득되었을 때가 되어서야 비로소 동물적 감각이 발휘된다. 마음만 앞서서 되는 것이 절대 아니다.(104쪽의 주 참조)

● 배울 때에는 정확하게 배워야

"예전에 어디에선가 음악을 배운 적은 없었습니까?"
볼프강 아마데우스 모차르트(W.A. Mozart)는 누군가가 자신을 찾아와 음악을 배우고자 할 때면 반드시 이렇게 물었다고 한다. 흥미로운 것은 유명한 음악가에게 배운 적이 있다고 하면 수업료를 두 배로 내라고 했다는 사실이다. 사람들은 모차르트의 그 같은 처사가 부당하다고 생각했다. 이미 배운 적이 있다고 한다면 훨씬 가르치기 쉬운데, 기본적인 것조차 모르고 찾아오는 초보자의 두 배나 되는 강습료를 받는 이유를 알 수 없었기 때문이다.

그러나 모차르트는 자신의 원칙대로 강습료를 받는 것이 더 합리적이라며 이렇게 말했다.

"예전에 음악을 배웠던 사람일수록 더 힘든 작업을 거쳐야 합니다. 그 사람에게서 버릇 든 찌꺼기를 걸러내야 하거든요. 이미 생긴 버릇을 버리는 것이 새로 가르치는 것보다 훨씬 힘듭니다."

필자가 당구를 처음 배울 때 그것을 가르쳐 준 사람은 당구에 입문한 지 얼마 안 된 초보자였다. 몇 달을 배웠지만 실력은 늘지 않았다. 하지만 고수로부터 일주일 정도 교습을 받을 기회가 있었는데, 그때는 실력이 부쩍 느는 것이었다. 결국 그 초보자보다 필자가 훨씬 잘 치게 되었지만, 그는 여전히 당시의 실력에 머물러 있었다.

배울 때 제대로 배워야 한다. 어떤 작업이나 기술을 배울 때는 특히 그러하다. 작업장에서도 초보자가 몇 마디의 간단한 방법만 듣고 일을 하다가는 결과가 신통치 않다. 그래서 고참의 지적을 받아 그동안 작업했던 것을 허물고 다시 하게 된다. 비용은 비용대로 들고 시간은 시간대로 잡아먹는다. 타이핑을 배울 때 두 손가락만을 사용하면 나중에는 고치지 못하게 된다. 그만큼 잘못된 습관을 바로잡는 것은 어렵다. 때문에 운동이나 악기를 배울 때에는 '폼'을 잡기 위해 수많은 시간을 할애한다.

잘못 들어선 길이라면 과감히 포기하고 뒤돌아설 줄 알아야 한다. 하지만 많은 사람들이 계속 잘못된 길을 가곤 한다. 지금까지 쏟아부은 시간과 노력, 비용이 아깝기 때문이다. 한마디로 본전 생각 때문이다. 그 때문에 발걸음을 돌리기가 쉽지 않다. 그러다 결국에는 길을 잃고 헤매게 된다.

> 한 양반집 자제가 한자를 배우기 시작했다. 양반은 아들에게 한 일(一)자부터 가르치기로 했다. 그리하여 두 이(二)와 석 삼(三)을 끝냈을 때 자제는 다 깨우쳤노라고 양반에게 말했다. 아들이 천재라고 여긴 아버지는 흡족해하며 시험을 보기로 했다. 그 문제는 일만 만(萬)자를 써보라는 것이었다. 자제는 시간이 좀 걸린다며 몇 시간 지나서 오기를 청했다. 양반은 흔쾌히 수락했다.
>
> … 몇 시간 후 양반이 아들에게 갔을 때, 바닥에 놓인 종이뿐만 아니라 장판과 벽, 천장까지 한 일(一)자로 가득했다. 아들은 숫자를 세며 계속 한 일(一)자를 그리고 있었다.

필자가 초등학생 시절에 인근 부잣집에서 동네 사람들과 함께 낄낄거리며 흑백 TV로 본 한 방송사 코메디 프로그램에 나온 장면이다. 아직도 기억이 생생하다. 참으로 저렇게까지 우둔할 수 있을까? 필자의 기억도 나중에 살펴볼 것처럼 허위기억일 수 있다. 하지만 이런 오류를 범하는 사람들이 사회에는 제법 많다. 한두 가지를 보고들은 후 그것이 전부인 양 혹은 자기가 알고 있는 방법이 유일한 것인 양 전문가 노릇을 하는 것이다. 일반 개인이 그러하다면 자기 혼자만의 문제로 끝나지만, 조직이나 기업을 책임지는 사람의 경우에는 사정이 다르다. 섣부른 무당이 사람 잡고, 모르는 것이 무서운 법이다.

편법을 저지르더라도 정석을 알고 하느냐, 그렇지 않으냐에 따라 엄청난 차이가 있다. 바둑의 정석을 프로기사들만큼 많이 아는 사람은 없을 것이다. 하지만 그들이 바둑 두는 모습을 보면 정석대로 두는 경우가 거의 없다. 본디 정석이란 그대로 두기만 하면 흑이든 백이든 서로 만족할 만한 결과를 나타내는 것이다. 즉 어느 누구에게 더 유리하고 덜 유리한 것이 없는 것이다. 프로기사가 정석대로 두어주기만 한다면 정석을 꽤 알고 있는 바둑 아마추어는 그와 맞두어 한두 판 이기는 기쁨을 누릴 수도 있을 것이다.

하지만 프로기사는 정석대로 두지 않는다. 그렇다고 해서 그들이 정석을 모른다는 것은 더더욱 아니다. 결론을 이야기하면 완벽하게 정석을 꿰뚫고 있지만, 이젠 그것이 그리 중요하지 않다는 것이다. 이미 체득되어 있는 것이다. 즉 이제는 정석이 필요 없게 된 것이다.

정석을 아는 상태에서는 프로기사들처럼 편법을 행하더라도 그것을 잘못된 것이라고 탓할 사람은 아무도 없다. 그러나 정석을 모르는 상태에서 변칙을 일삼으면 그것은 개념이 전혀 없는, 아무것도 모르는 무개념이다. 여러분이 동승한 차의 운전자가 운전을 정통으로 배우고 잘 하면서 변칙을 행할 경우라면 크게 걱정스러워할 것이 없을 것이다. 그러나 그 운전자가 운전을 엉터리로 배워 잘 하지도 못하면서 변칙을 행할 때에는 안전벨트를 확인하고 손잡이를 잡은 손에 힘이 들어갈 것이다.

05

기억력을

높여라

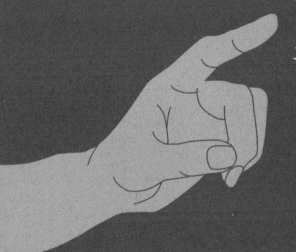

"사소한 것들이 우리의 단기기억 속에 남아 있으면
다른 것을 받아들이지 못한다.
메모를 해서 쇼핑을 가고, 오고갈 때에는
가족이나 이웃을 생각하자."

기억력이 좋으면 생활에서 얻을 수 있는 이점이 한둘이 아니다. 당장 어떤 자료를 찾아볼 수고를 덜어주고 그만큼 시간을 절약시켜 준다. 친구의 생일날을 기억하면 그와의 친구관계가 한층 더 깊어지고, 동료의 기념일을 기억해 준다면 동료애가 돈독해진다. 거래처와의 관계에서라면 앞으로의 사업이 순조로이 풀려나갈 것이다.

또한 학교에서는 성적을 높일 수 있을 것이며, 강의나 연설을 할 때에는 원고를 쳐다보지 않아도 될 것이다. 그렇게 된다면 훨씬 더 전문가 '티'를 낼 수 있다. 뿐만 아니라 외국어를 배울 때에도 시간을 절약하면서 훨씬 효율적으로 배울 수 있을 것이다.

이런 이점 때문에 시중에는 기억력을 향상시키는 책들이 수도 없이 많다. 책 한 권을 골라 열심히 읽으면 어느 순간 기억력이 높아질 것이라는 생각이 들기도 한다. 물론 그러한 책은 앞서 살펴본 인간 기억의 특징들을 감안하여 방법론적 측면에서 접근한 것들이다. 하지만 기억력 향상과 관련된 거의 모든 책의 주요 내용은 이 장에서 이야기할 내용에 모두 압축되어 있다. 원리를 알면 해결책이 보이는 법이다. 그러한 원리를 찾아가 보자.

깊게 처리하라

기억을 잘 하기 위해서는 장기기억으로 넘어가는 부호화 과정에서 처리를 잘 해야 한다. 그러기 위해서는 처리의 수준을 깊게 만들고 정교하게 다듬어야 한다. 먼저 실험을 보자.

연구자들[8]은 지각과 반응시간 연구라는 실험을 한다면서 피험자들을 모았다. 그리하여 몇 가지 질문을 하고 난 후 어떤 단어를 200msec(0.2초) 동안 보여주었다. 피험자들이 해야 할 일은 가능한 한 빠르고 정확하게 질문에 '예' 혹은 '아니오'라고 반응을 해야 한다. 그 질문은 다음과 같다.

1. 단어가 대문자로 되어 있습니까?

2. 웨이트(weight)와 같은 운(韻)이 있습니까?

3. 단어가 다음 문장에 들어맞습니까? 그는 거리에서 _____ 를 만났다.

1번 질문 다음에 나오는 단어는 TABLE 혹은 table이 나왔다. 그래서 TABLE이 나오면 '예'라고 답을 해야 했으며, table이 나오면 '아니오'라 답해야 했다. 2번 질문에는 크레이트(crate) 혹은 마켓(MARKET)과 같은 단어가 나왔으며, 3번 질문에는 친구(FRIEND) 혹은 구름(cloud)과 같은 단어가 나왔다 — 각 질문에는 대문자와 소문자가 섞여 나오는 점에 주의하라. 실험절차상의 통제의 한 방법이다. 대답하는 방식은 질문 1의 경우와 같았다. 예상하는 바와 같이 이 실험에서는 1번 질문에 대한 답이 가장 빠르게 나왔으며, 3번 질문에 대한 답이 가장 느렸다.

하지만 이 실험의 목적은 이것이 아니었다. 실제 목적은 각 질문 후에 나온 단어를 재인 — 재인은 사지선다형 문제와 같이 여러 개 중에서 이전에 본 것을 골라내는 것이다 — 하는 것이었다. 그 결과 3번 질문에 대한 단어(친구)를 재인하는 것이 가장 높았고, 1번 질문에 대한 단어(TABLE, table)를 재인하는 것이 가장 낮았다.

이것은 처리의 수준이 기억에 영향을 미침을 보여준다. 1번 질문의 경우는 단순히 단어가 대문자인가 아니면 소문자인가에 관한 것이기 때문에 물리적인 수준에서 처리를 하면 되었다. 때문에 피험자가 크게 주의를 기울이지 않아도 되는 것이었다. 2번 질문의 경우에는 청각 내지는 음성적인 처리를 해야 한다. 그리고 3번 질문의 경우에는 생각을 해봐야 한다. 단어의 의미에 대해 보다 깊은 의미적 처리가 있어야 하는 것이다. "그는 거리에서 친구를 만났다"이면 '참'이 되지만, "그는 거리에서 구름을 만났다"고 하면 거짓이 된다. 이 경우 "예" 대답에서는 1번 질문의 경우에는 재인율이 15%에 불과했지만, 3번 질문의 경우에는 81%가 재인되었다. 그리고 "아니오" 대답의 경우에는 "예" 대답의 경우보다 비교적 낮았다는 점에 주목해보자.(다음 항목 '정교화' 참조) 이 단어들에 대한 기억 검사를 나중에 실시한다는 것을 피험자들에게 알려주지 않았다는 점을 생각해 본다면 이러한 결과는 놀라운 것이다. 이

**물리적 수준(활자)과 음운적 수준(운) 및
의미적 수준에서의 반응시간(좌)과 나중의 재인율(우)**

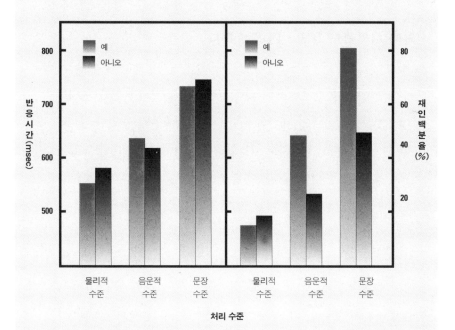

처리 수준

단어가 대문자로 되어 있는지를 묻는 것과 같은 물리적 수준에서는 반응시간이

다른 경우보다 빨랐으며 문장을 처리해야 되는 수준에서 가장 반응 속도가

느렸다. 하지만 재인검사에서는 단순한 물리적 수준에서 처리한 단어의

재인율이 가장 낮았으며 복잡한 문장 수준에서 처리한 단어의 재인율이 가장

높았다. 특히 '아니오'의 대답에서보다 '예'에서의 재인율이 높았는데, 이는 그

단어가 문장에 통합되어 정교화함으로써 나타난 결과이다.[9]

처럼 되뇌기를 하지 않더라도 처리의 수준을 깊게 하면 훌륭한 기억이 이루어질 수 있다는 것을 보여준다. 그러므로 무조건 기억하기보다는 내용을 이해한 후 기억하는 것이 중요하다.

의미 처리에도 정교화가 중요하다

위의 실험에서는 3번 질문의 경우 동일한 의미처리를 했을 텐데도 "예" 대답보다 "아니오" 대답의 재인율이 낮았다. 이는 동일한 정도의 의미를 처리한다고 하더라도 정교화하는 것이 중요하다는 것을 보여준다. 정교화는 맥락의 세부 특징들을 포함시킴으로써 기억부호를 풍요롭게 하는 것을 뜻한다. 가령 "단어가 다음 문장에 들어맞습니까? 그는 ___와 악수했다."라는 질문에 이은 단어가 '친구'라면 피험자는 이 단어의 의미와 함께 문장을 처리할 수 있다. 그렇다면 그 단어는 문장에 통합되어 기억이 잘 될 것이지만, 가령 그 단어가 '학교'라면 그 문장에 들어맞지 않기 때문에 통합되지 않는다. 그 때문에 "아니오" 반응에서는 재인율이 낮게 나타나는 것이다.

　연구자들은 앞과 똑같은 방법으로 다시 실험을 했다. 다른 점이 있다면 단어가 문장에 들어맞는지에 관한 것이다. 다음의 문장을 보자.

1. 그는 _____를 떨어뜨렸다.

2. 그 노인은 _____을 떨어뜨렸다.

3. 그 노인은 절뚝거리며 방을 걷다가 ＿＿＿를 떨어뜨렸다.

＿＿＿에 들어가는 단어를 기억하기 위해서는 어떤 문장으로 기억하는 것이 좋을까? 이 경우 1번 질문은 단순한 문장유형이며, 3번 질문은 복잡한 문장유형, 그리고 2번 질문은 중간 정도의 문장유형이다. 에 들어가는 단어가 시계라면, 질문에 정확히 답하기 위해서는 이 단어를 물리적인 수준(대문자냐 소문자냐)에서 처리해서는 되지 않고 의미적 수준까지 처리해야 한다. 처리해야 하는 것이 복잡해질수록 단어 의미의 정교화를 위한 맥락이 풍부해지게 된다. 복잡성이 클수록 인출단서로서의 문장의 효율성은 더 풍부하게 되는 것이다. 반면, 들어맞지 않는 단어는 문장의 복잡성과는 관계 없이 회상단서로서는 덜 효과적이다. 문장에 통합될 수 없기 때문이다. 이 실험에서도 대답이 "예"일 경우(가령 시계) 당연히 복잡한 문장유형(3번 질문)에서 회상이 잘 되었다.

조직화하면 기억하기 쉽다

이제 다음 그림을 보자. 그림에 나와 있는 단어를 외울 때 어느 것이 더 쉽겠는가?

당연히 조직화가 잘 되어 있는 것(A)이 기억하기 쉽다. 실제 실험에서 연구자들(Bower 등)은 다음의 그림(121쪽)과 같이 한 집단에게는 제대로 된 위계도(A)를 보여주고 다른 집단에게는 잘못된 위계도(B)를 보여주었다. 각 피험자 집단은 28단어 내외로 된 네 가지의 위계도 ─ 광물, 식물, 도구, 신체 부위 ─ 를 1분씩 학습했으며 그 후 순서에 관계없이 회상하도록 되어 있었다. 이러한 절차가 네 번 반복되었는데, 그 결과가 다음(123쪽)의 표에 나와 있다. 제대로 된 위계도를 본 집단은 3시행 때 단어를 전부(28×4 = 112) 회상할 수 있었다. 이것은 조직화가 기억에 도움이 된다는 것을 보여준다.

실제로 피험자들은 위계도의 위계에 따라 위에서 아래로 조직화하여 단어를 회상했다. 즉 광물을 회상한 다음 금속을 회상하고, 금속은 합금을 회상하고, 또 합금은 놋쇠를 회상했는데, 상위 단어가 하위 단어를 기억나게 하는 단서로 작용했던 것이다. 체계적으로 정보를 배열하기 때문에 조직화를 체제화라고 하기도 한다.

공부를 할 때 가장 효과적인 방법으로 SQRRR(SQ3R)이란 것이 있다. 이것 역시 조직화를 활용한 것이다. 이것은 전체 개관(Survey)→내용에 대한 질문(Question)→본문 읽기(Read)→요점 암송(Recite)→복습(Review)이라는 과정을 거친다. 이 방법은 내용을 흥미롭고 유의미하게 만들며 조직화하여 장기기억으로 이전시킨다. 이렇게 조직화하면 기억이 쉽고 인출이 잘 된다. 그러면 당연히 공부가 효과적일 수 있고 성적이 올라간다.

마인드 맵이라는 것이 있다. 이것은 토니 부잔(T. Buzan)이 개발한 것으로 창의적 사고를 도와주는 기법이다. 마인드 맵은 원래 직선적인 방식의 노트하기에 대한 대안으로 소개된 것이다. 예를 들어, 우리는 강의를 들을 때 그 내용을 노트에 기록한다. 처음에 무슨 말을 했고,

조직화된 위계도와 잘못된 위계도의 회상 차이

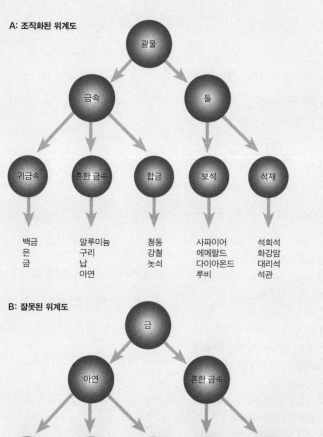

A: 조직화된 위계도

B: 잘못된 위계도

그 다음에 무슨 말을 했는지를 직선적으로 이어서 적어내려 간다. 그런데 이러한 직선적 노트방식은 별로 효율적이지 않다는 문제의식에서 시작된 것이 바로 마인드 맵이다.

마인드 맵으로 그린 사례를 보자. 다음(125쪽)의 그림은 이 책『유쾌한 기억의 심리학』내용을 비직선적 노트방식으로 정리한 것이다. 책의 내용이 상당히 일목요연하고 체계적으로 정리되어 있음을 알 수 있다. 그리고 전체 내용이 한눈에 들어오는 형태로 정리되어 있어서 서로 다른 개념들 사이의 연결도보다 손쉽게 머릿속에 그려볼 수 있다. 따라서 마인드 맵 역시 조직화에 중점을 둔 기법이다.

조직화는 창고의 물건을 '정리'해 두는 것과 같다. 물건 정리에는 시간이 걸리지만 막상 어떤 물건이 필요할 때에는 빨리 찾아 활용할 수 있다. 필요할 때 찾지 못해 드는 비용까지 고려한다면 정리정돈을 미리 해놓는 것은 엄청난 미래의 이익이 된다.*

기억에서의 조직화도 마찬가지이다. 기억의 조직화에는 시간이 걸린다. 하지만 막상 원할 때 어떤 정보를 찾을 수 없어 그 때문에 잃게 되는 시간보다는 훨씬 적다. 그러므로

*| **다산 선생의 자료정리** | 다산 정약용은 200여 년 전 무려 500권의 저서를 집필했다. 정조가 의문의 죽음을 당한 후 39세의 그는 정적들의 모함을 받아 전남 강진에서 18년 동안의 유배생활을 했다. 그 18년 동안 다산은 『목민심서』, 『경세유표』, 『흠흠신서』 등 문집 260여 권과 『논어고금주』, 『주역심전』, 『중용강의』 등 경전 해설서 232권을 지었다.
어떻게 이런 일이 가능했을까? 그 비결은 '분류'와 '정리'였다. 18세기는 조선 사회가 최초로 경험한 정보화 사회였는데, 이때는 중국 청나라를 통해 온갖 신문물과 백과사전식 지식이 전방위로 쏟아져 들어온 시기였다. 이런 시기에 다산은 여러 정보를 취합해 분류하고 정리하는 방식으로 그토록 많은 정보를 자신의 것으로 만들었던 것이다. 기억을 잘 하기 위해서도 이러한 분류와 정리가 필요하다.(정민, 『다산선생 지식경영법』, 리브로)

조직화가 회상에 미치는 실험

한 집단에는 그림처럼 위계적으로 조직화된 단어들을 제시했고, 다른 집단에게는 동일한 단어들을 섞어서 무선적으로 제시했다. 실험에서 제시된 위계로 구성된 단어의 범주는 28개 내외의 단어로 구성되었으며 그 범주는 광물, 식물, 도구, 신체 부위에 해당하는 단어들이었다. 총 단어의 개수는 112개였으며 이 실험(광물)의 경우 26개로 구성되었다. 그 결과 회상한 단어 수가 표에 나와 있다. 조직화(체제화)의 회상 단어수가 훨씬 많음을 알 수 있다.[10]

체제화의 함수로서 네 시행에 걸쳐 회상된 평균 단어 수

조건	시행			
	1	2	3	4
체제화	73.0	106.1	112.0	112.0
무 선	20.6	38.9	52.8	70.1

미래를 위해 기억해 두려고 할 때에는 그러한 것을 조직화해야 한다. 미래를 위해 조직화하는 데 시간을 써야 한다.

기억을 잘하기 위한 마음가짐

이처럼 처리를 깊게 하고 정교화를 하면 기억이 잘 되지만, 기억을 보다 더 잘하기 위해서는 우선 필요한 몇 가지 요인이 있다. 그것은 책임

감과 절박감, 흥미 그리고 기억해야 할 대상의 중요성이다.

> 토스카니니(Toscanini)는 악보의 지시를 잘 이해한 지휘 기술로 20세기
> 전반기를 대표하는 이탈리아의 지휘자다. 그는 베르디의 오페라와 베토벤
> 교향곡에 대한 정평 있는 해석으로 유명했으며, 또한 특출난 기억력을 갖
> 고 있었다. 그는 250개 교향곡의 음표 하나 하나 그리고 100개 오페라의
> 악보와 가사를 모두 기억했다. 한번은 요아힘 라프의 4중주 No. 5의 악보
> 를 찾을 수 없어 야단났을 때 그는 앉아서 순전히 기억만으로 재생해 내었
> 다. 그는 몇 십 년 동안 그 악보를 보거나 연주한 적이 없었다. 나중에 확인
> 해 보니 음표 하나만이 틀렸다.[11]

토스카니니는 시력이 상당히 나빠 악보를 암송해야만 했다고 전해진
다. 토스카니니의 경우처럼 지휘를 하기 위해서는 악보를 보아야 하는
데, 보이지 않으면 외워야 한다. 이렇듯 책임감이 있으면 기억을 잘 하
게 된다. 집배원은 집집마다의 주소와 가구주 이름을 기억하고 있다.
동네 이장은 저 개가 뉘집 개이며, 논에 들어간 저 송아지는 뉘집 송아
지인지 기억하고 있다. 한의사는 어떤 약초가 어떤 병에 좋은지를 누
구보다도 잘 기억하고 있다. 사사건건 책을 찾아보면서 환자 한 사람
한 사람을 대하다가는 병원 문 닫기 일보 직전이다. 수많은 손님들이
주문한 메뉴를 다 기억하는 웨이터, 선수의 기록과 버릇까지 꿰고 있
는 경기 해설가, 셰익스피어 연극 한 편을 달달 외우는 연극 배우, 악보
를 다 외워버리는 바이올리니스트의 기억력이 이런 책임감으로 인한

『유쾌한 기억의 심리학』의 마인드 맵

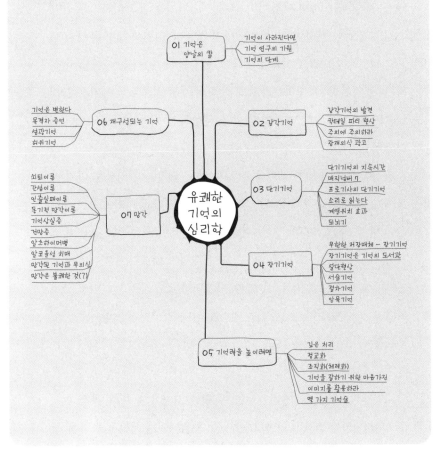

기억이다.

절박하면 기억이 잘 된다. 서점에서 종업원의 눈치를 봐가며 읽는 책
은 기억이 잘 된다. 시험 직전 공부 잘하는 친구에게서 "이 문제는 꼭

시험에 나올 거야'란 말과 함께 들은 문제는 잘 잊혀지지 않는다. 하지만 절박하더라도 그 절박함과 관련이 없는 것은 귀에 들어오지 않는다. 돈 빌릴 때 언제까지 갚아야 한다는 이야기는 잘 기억하지 못한다. 그리고 불안이 심하면 기억이 잘 나지 않는다. 시험에 대한 불안이 있으면 시험이 쉽더라도 이해를 못하게 된다. 불안은 "나는 낙제할 거야"라거나 "남들은 내가 바보라고 하겠지"와 같은 불필요한 생각을 불러일으키게 되고, 그런 생각이 인출을 간섭하여 기억 실패를 초래하게 된다.

관심이나 흥미 또한 기억을 잘하게 한다. 의욕과 동기를 높이기 때문이다. 공부를 잘하지 못하는 학생이라도 야구에 흥미가 있는 학생이라면 한 프로구단의 야구선수 이름과 타율, 포지션 등등을 줄줄이 꿰고 있다. 공부를 잘하지 못한다고 하여 기억이 나쁘다는 것이 아니란 이야기다. 또 새로운 컴퓨터 게임이 나오더라도 그 분야 전문가는 그리 어렵지 않게 새로운 게임방법을 익히게 된다. 기상천외한 방법으로 도둑질을 한 것이 방송을 타면 '미래의 절도범'은 절대 그것을 잊지 않는다.

기억해야 할 것이 중요한 것이라면 훨씬 기억이 잘 된다. 돈을 빌려준 사람은 차용증서를 일일이 보지 않고서도 언제 어디서 얼마를 누구에게 빌려줬는지는 훤하게 기억하고 있다. 그리고 군대에서의 암호처럼 까딱하다가는 생명이 위태로워지는 경우 그러한 암호는 잊어버리는 법이 없다.

미국 은퇴자협회(AARP) 앤드러스 재단과 다나(Dana) 두뇌연구연맹의

『스테잉 샤프(Staying Sharp): 기억력 감퇴와 노화』에서는 다음과 같이 기억력을 유지하는 8가지 작은 습관에 대해 적고 있다.

1. 긴장을 풀 것(긴장과 스트레스는 기억력 손실의 주범이다.)

2. 주의를 기울일 것(나중에 기억하고 싶은 것이 나타나면 주의 깊게 본다.)

3. 집중할 것(주의산만과 방해 행위를 최소화한다.)

4. 천천히 할 것(조바심 내면 집중할 수 없다.)

5. 정돈할 것(중요한 물건은 눈에 띄는 곳, 손이 쉽게 닿는 곳에 둔다.)

6. 메모습관을 기를 것(노트나 다이어리를 소지하고 다니며 중요한 것을 들으면 기록한다.)

7. 반복해서 말하고 생각할 것(반복하는 습관을 기르면 잘 잊어버리지 않는다. 새로운 사람을 만나거나 새로운 것을 배울 때 요긴하다.)

8. 그림을 떠올릴 것(기억하고 싶은 것에 이미지를 연결시켜 떠올리는 습관을 갖는다.)

이미지를 활용하라

지금 도서관에 가야 한다고 생각하고 그곳으로 가는 길을 생각해 보자. 혹은 만나고 싶은 친구를 생각해 보자. 아마 도서관으로 가는 길이 다음과 같이 이미지(심상)로 떠오를 것이다. 즉 지금 여기서 오른쪽으로 가서 편의점에서 좌회전한 후 우체국 사거리에서 계속 직진하고 … 등의 생각이 머릿속에 한 폭의 그림으로 펼쳐질 것이다. 친한 친구를 생각하면 그의 이름뿐만 아니라 얼굴도 떠오를 것이다. 또 서울에서 강릉으로 여행을 간다고 해보자. 그러면 강릉으로 가는 길이 지도와 같은 이미지로 떠오를 것이다.

우리는 이처럼 이미지로 사고를 하는 경우가 많다. 옛 생각을 해도 이미지가 떠오르고, 고향 생각을 할 때도 이미지가 떠오른다. 고향에서 먹었던 된장찌개를 생각한다면 모락모락 김이 나는 이미지에 입맛이 다셔질 것이다. 이러한 이미지는 기억을 증진시킨다.

잊어버릴 수 없는 기억력을 지닌 한 사람을 보자.

1920년대 러시아의 한 사나이가 기억에 관한 실험에 참가했다. 그는 30~70개의 숫자를 한 번 들은 후 정확하게 기억해냈다. 뿐만 아니라 뒤쪽으로부터도 아주 쉽게 기억해냈다.

신문기자였던 이 사나이는 그 이후 직업을 전문 기억술사로 바꿨다. 그리하여 관중이 제시하는 복잡한 목록을 기억하는 묘기를 공연했다. 한 번은 다음과 같은 무의미한 공식을 관중이 제시했다.

$$N \cdot \sqrt{d^2 \times \frac{85}{vx}} \cdot \sqrt[3]{\frac{276^2 \cdot 86x}{n^2v \cdot \pi 264}} \; n^2b = sv \frac{1624}{32^2} \cdot r^2s$$

사나이는 몇 분간 이 공식을 연구한 뒤 정확하게 기억해 내었다. 그는 모든 단어나 숫자를 시각적 이미지로 나타내었다.

"Neiman(N)이라는 사람이 나와서 그의 지팡이(·)를 가지고 땅바닥을 두드렸다. 하늘을 쳐다보니 평방근 기호($\sqrt{\ }$)를 닮은 높은 나무가 서 있었다. 그는 생각했다. '이곳에 집 두 채(d^2)를 지어야겠다.' 그는 다시 한번 지팡이로 바닥을 두들겼다. '이 집들도 너무 오래 되었으니 처분(×)해야 되 겠군. 팔아버리면 제법 돈이 되겠지.' 그가 집을 짓기 위해 투자한 돈은 8 만 하고도 5천이었다(85). 가만 보니 그 집의 지붕은 평평($--$)하고 그 아 래 거리에서는 한 남자가 테레민복스(전자악기의 이름, vx)를 연주하고 있었다. 그 남자 옆에는 우편함이 있고, 한쪽 구석에는 마차가 집에 부딪 치지 않도록 방지턱으로 세워놓은 커다란 돌($\cdot$)이 하나 있었다. 이쪽에는 광장이 있고 그 너머에는 커다란 나무($\sqrt{\ }$)가 있는데, 그 위에 까마귀 세 마 리가 앉아 있었다($3\sqrt{\ }$). 그는 거기다가 276이란 숫자를 놓아둔 다음 제곱 (^{2})에 해당하는 부분에는 네모난(스퀘어, 제곱) 담배상자를 놓아두었다. 그 상자 위에는 86이란 숫자가 있었다.…"

(알렉산드르 루리야, 박중서 역, 『모든 것을 기억하는 남자』)

이 사람은 심리학에서 꽤 유명한 사람인데, S라는 대문자로 불린다. 러 시아 신문기자였던 그의 본명은 세레세브스키이다.

S가 루리야(Luria)라는 러시아 신경심리학자에게 와서 기억 검사를 의뢰한 것은 그가 20대 후반이었을 때였다. 루리야는 S가 70개의 항목 으로 된 목록을 단 한번 본 후에 정확히 기억해 내는 것을 보고 깜짝 놀랐다. S는 목록을 거꾸로 회상하기도 했으며, 심리학자가 어떤 지점 을 정해 주어도 거기서부터 회상을 해나갔다. S는 각 단어 사이에 3~4 초 정도의 간격만 있다면 모든 것을 기억할 수 있었다. 그는 1주일 후, 1 년 후, 16년 후에도 정확하게 기억해 내었다. 루리야는 S의 무한정한 기 억력을 확인하고 그의 기억능력을 분석하는 데 평생을 바쳤다 ― S에

관한 루리야의 연구는 『모든 것을 기억하는 남자』로 국내에 출간되어 있다.

이미지는 기억을 증진시킨다. S가 기억에 사용한 주된 방법은 심상*을 활용하는 것이었다. 공부를 할 때도 여러분은 이미지(심상)를 많이 활용했을 것이다. 이미지를 활용해서 공부하면 성적이 올라간다. 여러분은 학생 때 지리를 배우면서 어떤 지역의 지명과 그 지방 특산물을 연결시키기 어려웠던 기억이 있을 것이다. 무작정 외웠기 때문이다. 하지만 지도책을 펴놓고 이미지와 연결시켜 공부했더라면 훨씬 쉽게 기억할 수 있었을 것이다.

이와 비슷하게, 수학 시간에 선생님이 말로써 어떤 그래프를 설명하면 너무 복잡해서 이해하기가 대단히 어려웠던 기억도 있을 것이다. "어떻게 헷갈리지도 않고 저리도 잘 말할 수 있을까?" 하지만 선생님은 그런 그래프가 머리에 이미지로 저장되어 있기 때문에 수월하게 설명을 할 수가 있는 것이다. 하지만 그런 이미지가 없는 학생에게는 무슨 말인지 도통 알 수가 없다. 그 때문에 칠판에 그래프를 그려 설명을 해야 겨우 이해가 가능한 것이다. 이처럼 이미지는 상을 떠올린 사람에게는 대단히 생생해 보이지만, 그렇지 않은 사람은 알아듣기가 대단히 어렵다. 이 때문에 여러분이 길을 물을 때 그 곳의 지리를 잘 아는 상대방이 아무리 쉽게 설명을 해도 알아듣기가 힘든 것이다.

* | **심상** | 심상(mental imagery, image)의 사전적인 의미는 "이전의 감각에 의해 얻은 것을 마음 속에서 재생한 것으로서 시각적 청각적 미각적 후각적 촉각적 운동적인 것"이다. 심상은 인지심리학에서 중요한 개념이지만 구체적인 정의는 아직도 없는 듯 하다.

이미지가 기억에 얼마나 도움이 되는지 알아보기 위해, 다음 단어를 한번 외워보자.

A:　　사과　　호텔　　가위　　연필　　쟁반

여러분들은 그리 어렵지 않게 위의 다섯 단어를 외웠을 것이다. 외우기 어려웠다면 다음과 같이 기억해보라.

호텔 주방장이 **연필**을 귀에 낀 채 **가위**로 **사과**를 깎아 **쟁반**에 놓았다.

이렇게 외우면 한결 쉬워진다. 이미지를 사용하여 공부하면 효과가 좋은 것은, 이처럼 기억하기가 쉽기 때문이다. 그러면 다음 단어를 한

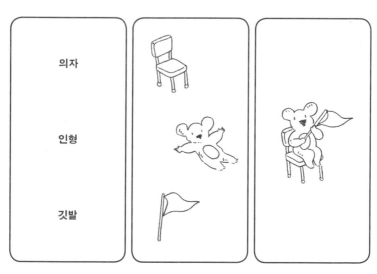

의자		
인형		
깃발		

글자로만 된 자극(좌)과 분리되어 있는 그림(중) 그리고 통합된 그림(우) 가운데 어느 것이 가장 기억이 잘 되겠는가?

번 외워보자.

B: 이상　　평화　　사랑　　인내　　헌신

A와 마찬가지로 다섯 단어밖에 되지 않지만 B는 외우기가 만만치 않을 것이다. 이 단어들은 우리가 이미지로 쉽게 떠올려 볼 수 있는 단어가 아니기 때문이다. 따라서 외우기가 쉽지 않다.

하지만 이미지가 무조건 좋은 것만은 아니다. 이미지는 시각적으로 상세하고 완벽한 기억이 아니기 때문이다. 여러분들은 오랫동안 같이 지내온 친구 얼굴에서 문득 지금껏 보지 못했던 얼굴의 점 하나를 발견하고는 희한한 듯 쳐다볼지도 모른다. 몇 십 년 동안 얼굴을 마주 대해 왔지만 친구의 얼굴이 완벽하게 이미지로 남아 있지는 않기 때문이다.

그런 경험이 없다면 100원 동전을 생각해보기 바란다. 그러면 마찬가지로 100원 동전이 이미지로 떠오를 것이다. 앞면에 어떤 그림이 있고 이미지의 배열은 어떤지 기억해 보자. 그런 다음 동전을 꺼내 살펴보자. 여러분이 떠올린 이미지와 100원 동전의 모양이 일치하는가?

여러분은 100원 동전의 대략적인 모양과 크기 정도로만 이미지를 떠올렸을 뿐, 어떤 글자들과 어떤 그림들이 있는지는 떠올리지 못했을 수도 있다. 지금 100원 동전이 없다면 아래 그림에서 어느 것이 우리나라에서 통용되는 100원 동전인지 찾아보기 바란다.

이처럼 이미지가 완벽하지 않은 이유는, 친구 얼굴이나 100원 동전 등이 우리에게 너무나 익숙해서 세부적인 사항에까지 주의를 기울이지 않아도 되기 때문이다. 즉 우리는 별다른 주의를 기울이지 않아도 친구의 얼굴을 다른 사람의 얼굴과 쉽게 구분할 수 있고, 동전 역시 크기와 색깔로 10원, 50원, 100원, 500원짜리 동전을 쉽게 구분해 낼 수 있기 때문이다.

몇 가지 기억술

영국의 웅변가라면 빅토리아 여왕 시절에 총리를 지낸 디즈레일리(1804~1881)를 제일 먼저 꼽는다. 그는 하원에서 발언을 할 때 언제나 손에 메모지를 쥐고 가끔 그것을 훑어보곤 했다.
한 번은 그가 메모지를 떨어뜨렸다. 한 의원이 그것을 몰래 주워 봤다. 그러나 그 메모지엔 아무것도 적혀 있지 않았다.

기록하는 방법이 나타나기 전이나 기록하는 법을 알지 못했던 시절에는 한 세대에서 다음 세대로 기억을 전해줄 수 있는 유일한 방법이 기억술이었다. 호메로스의 서사시가 기억술을 통해 후세로 전해졌으며, 고대 인도의 경전인 베다도 구전으로 전해졌다고 한다. 특히 고대 인도인들은 리그베다(베다의 일부 구성요소인 시편)의 신성한 찬가를 부를 때 착오를 일으키면 무서운 결과를 초래하고 또 우주의 불균형을 가져온다고 믿었다. 그래서 사제들은 절대로 실수를 하지 않기 위해 기억술을 연마했다고 한다.
그리스의 서정시인인 시모니데스(BC 556~BC 468)는 기억술의 아버지라고 불린다. 위대한 로마의 웅변가이자 수사학의 혁신자로 알려져 있는 키케로(Cicero, BC 106~BC 43)의 『웅변에 관하여』(De oratore, BC 55)에는 다음과 같은 일화가 나온다.

데살로니카의 귀족 스코파스가 베푼 주연에서 시모니데스는 주인을 찬양하는 시를 지어 낭송했다. 거기에는 카스토르와 폴룩스 신을 찬양하는 내용도 일부 담겨 있었다. 그러자 인색한 스코파스는 시인에게 찬가를 위해 주기로 했던 금액의 절반만 지불할 것이며, 나머지는 그 시의 절반을 바친 쌍둥이 신에게서 받으라고 말했다. 잠시 뒤 시모니데스는 밖에 그와 얘기하고 싶어하는 두 사내가 와 있다는 말을 듣고 주연장을 빠져나왔다. 그러나 밖에서 아무도 보지 못했다.

그가 나간 사이 주연장의 천장이 무너져 내려 스코파스와 그의 손님들은 잔해에 파묻혔다. 사체가 형편없이 망가져 친지들조차 알아볼 수 없었다. 시모니데스는 희생자들이 탁자에 어떻게 둘러앉아 있었는지 기억해내, 친지들에게 그들이 찾는 사체의 위치를 알려주었다. 눈에 보이지 않았던 방문자, 카스토르와 폴룩스는 건물이 무너지기 직전 시모니데스를 빼냄으로써 자신들에게 바친 찬가의 분량에 값을 지불했던 것이다.

그는 주연에 참석했던 이들의 위치를 어떻게 기억해냈을까? 시인인 시모니데스에게 시는 '말하는 그림'이고, 그림은 '말없는 시'였다. 텍스트와 이미지의 결합으로 시를 쓰던 그에게 참석자의 이름과 영상을 연결시키는 것은 별로 어렵지 않았을 게다. 실제로 기억해야 할 낱말들을 이미지의 연쇄로 바꾸어놓는 것은 고전적 기억술에서 즐겨 사용하던 방법이다. 이는 '마인드 매핑'(mind mapping)이라는 이름으로 오늘날까지 널리 사용된다.(125쪽의 마인드 맵 참조)

기억술을 영어로는 므네모닉(mnemonic)이라고 한다. 앞서 본 것처럼 그리스 신화에 나오는 기억의 여신 므네모시네(Mnemosyne)의 이름에서 따온 용어이다. 기억술의 원리는 마음 속에 인위적인 구조를 만들어 생소한 생각, 특히 자신이 기억하기 어렵고 서로 동떨어진 일련의 생각을 그 구조 속에 짜넣는 것이다. 그러므로 각 부분이 서로 연상되도록 구조를 만드는 것이 이상적이다. 지금부터 이야기할 몇 가지 기억술은 기억 재료에다 어떤 종류의 질서를 덧붙이는 것이다.

● 운율

가장 간단한 기억술은 우리가 보통 사용하는 운율이다. 노랫가사를 종이에 적어서 외우면 기억하기도 어려울 뿐만 아니라 오래 가지도 못한다. 그런데도 우리가 가사를 웬만하면 기억하고 있는 것은 멜로디와 함께 외우기 때문이다.

운율이 있으면 외우기 쉽다. 자유시보다는 시조가 외우기 쉽다. 같은 시라도 운율이 있는 것이 외우기 편하기 때문이다. 고등학교 국어 선생님이 「관동별곡」을 술술 외는 것을 보면 리듬이 들어가 있음을 알게 된다. 기독교 신자들이 구약과 신약의 66편을 순서대로 외울 수 있는 것도 노래로 외우기 때문이고, 스님들이 불경을 암송할 수 있는 것도 리듬을 타기 때문이다. 이런 것 때문에 광고에서는 노래를 많이 사용한다. 바로 CM송(commercial song)이다. 지금도 중년 나이라면 "맛동산 먹고 즐거운 파티~"로 시작되는 CM송을 기억하는 사람들이 많다. 또 우리가 영어 알파벳의 순서를 제대로 외우고 있는 것도 처음 배울 때 운율을 이용했기 때문이다. 지금 영어 알파벳을 순서대로 기억해 보라. 그 운율이 떠오르지 않는가?

● 빨 주 노 초 파 남 보

또 하나의 간단한 기억술은 기억해 내야 할 내용을 단어나 문장으로 만드는 것이다. 이를 첫문자 기법이라 하기도 한다. '빨주노초파남보', '태정태세문단세'가 대표적이다. 철자 하나는 내용이 무엇인지를 가리켜 주는 안내판의 역할을 한다. 이 기억술은 많은 학생들이 선호하는 기억술이기도 하다.

영어를 사용하는 경우에도 이 방법은 유용하다. 예를 들어 suitcase (여행가방), pajamas(잠옷), toaster(토스터), clock(시계)을 사러간다고 하자. 우리 같으면 '여잠토시'라고 외우면 되겠지만 영어를 사용하는 나라에서는 이 단어들의 앞 글자를 따 단어를 만들면 된다. 그러면 s, p, t, c가 들어간 'SPecTaCle'이란 단어를 생각해 낼 수 있다.

이러한 약자법은 고대 그리스나 로마 사람들이 시간과 종이를 절약하기 위해 사용했다고 한다. 하지만 오늘날에도 유용하게 사용된다. UN 교육과학문화기구인 유네스코(UNESCO)를 원명칭 그대로 United

Nations Educational, Scientific and Cultural Organization이라 부른다면 중간의 한두 단어는 잊어버릴지 모른다. 케네디(John F. Kennedy)를 'JFK'라 쓰더라도 누군지 알 수 있다. 그리고 미국 학생들은 캐나다와 미국 사이의 5대호를 'HOMES'로 기억한다고 한다. HOMES는 휴런(Huron) 호, 온타리오(Ontario) 호, 미시건(Michigan) 호, 에리에(Erie) 호, 슈퍼리어(Superior) 호의 앞글자를 딴 것이다.

이러한 방법은 사람들이 약호만 배우고 본래 의미를 배우려 들지 않으려 한다는 단점이 있다. 방송국만 하더라도 KBS가 한국방송공사(Korea Broadcasting System)의 약자이며, MBC가 문화방송(Munhwa Broadcasting Corporation)의 약자라는 사실을 알고 있는 사람은 드물다. LG라든가 SK는 럭키금성그룹과 선경그룹에 그 명칭의 근원이 있다는 사실도 점차 잊혀져 간다. 그 때문에 이런 약호는 가끔 혼란을 야기한다. NBC, CBS, ABC, BBC 등등의 방송사 이름이 나오면 어느 나라 방송사인지 가끔 헷갈리게 된다. 그리고 ABC만 하더라도 미국의 방송사로 널리 알려져 있지만, 호주의 방송사 이름(Australian Broadcasting Corporation)이기도 하고 신문잡지 발행부수감사기구(Audit Bureau of Circulations)의 약자이기도 하며 미국과 영국, 캐나다(America, British and Canada)를 함께 부르는 이름이기도 하다.

● 이미지

그러나 보다 내용이 복잡하고 분량이 많은 경우라면 이런 기억술로는 한계가 있다. 한 시간분의 연설문을 외워야 한다고 생각해 보라. 한 편의 연극에서 여러분이 주인공을 맡아 공연한다고 생각해 보라. 기억해야 할 분량이 만만치 않을 것이다. 이럴 때에는 이미지(심상)를 활용해야 한다.

이미지를 활용하면 기억이 증진된다. 가령 10~20명의 사람들이 기억놀이를 할 때 아주 유용하다. '사과, 연필, 뱀, 택시 등등…' 외워야 할 목록이 열 개를 넘어서면 순서대로 외우기가 어렵다.

그러나 사람이 앉아 있는 순서대로 매치를 시켜, '영희는 사과처럼 빨간 입술을 가지고 있다.' '철수는 공부도 못하는데 연필은 많다.' '정환이는 뱀처럼 흐물흐물하다.' '동호아버지는 택시기사다.' 하는 식으로 외우면 한결 쉬워진다. 이것은 주로 외국어 학습에 많이 이용된다. 예를 들어 bear(곰)라는 단어를 기억할 때 곰이 무언가를 베어(bear)먹고 있는 이미지를 상상하는 것이다.

시중에 이런 것을 활용하여 영어단어를 학습하도록 되어 있는 교재들이 많이 있다. 이것은 실험적으로 효과가 있다고 확인된 사실이다. 자신의 이미지에 잘 맞지 않는 것들도 물론 있을 수 있겠으나, 꼭 책에 나와 있는 이미지가 아니더라도 자신이 개발하면 효과를 크게 볼 수 있다.

● 장소법

장소법은 우리가 기억해야 할 항목들을 익숙하게 알고 있는 어떤 장소에 일치시키는 것이다. 예를 들어 여러분들이 집을 나설 때 보게 되는 앞집 대문, 전봇대, 세탁소, 계단, 슈퍼마켓, 버스 정류장 등등에 기억해야 할 항목들을 일치시켜, 순시대로 그것들이 서 있는 것을 생각하면 항목이 머리에 떠오르게 된다.

이 방법은 고대 그리스의 웅변가들이 많이 사용했다고 한다. 그들은 마음속에서 익숙한 장소를 걸어가면서 외워야 할 것과 일치시켰다. 연설을 할 때에는 자기가 걸어가고 있다고 생각하면 자연히 연설의 부분들이 떠오르게 되고, 말이 잠시 진로를 벗어나 다른 곳을 헤매고 있을지라도 자기가 서 있는 곳을 생각하면 다시 제자리로 돌아와 연설을 계속할 수가 있다.

앞에서 본 S라는 사람이 사용한 것 중의 하나가 바로 장소법이었다. 일련의 항목들을 기억하도록 요구받으면 S는 스스로 친숙한 거리를 걸어가는 상상을 했다. 목록 속의 항목이 이미지를 일으키는 데 따라 그는 이 이미지들을 마음속으로 걷는 거리에 분배했다. 회상을 위해서 그는 그 거리를 다시 따라가고, 가면서 이미지를 골라내어 목록으로 변환시켰다. S가 가끔 범하는 오류는 부주의와 혼동이었다. 예를 들면 어떤 경우 S는 목록을 회상할 때 연필이라는 단어를 빠뜨렸는데, 이에 대해 그는 연필에 관한 이미지가 그의 상상적인 걸음에서 담장 옆에 위치했었다고 설명했다. 그래서 목록 내의 이미지들을 회상하는 동안 연필은 담장의 선에 섞여졌고 그래서 그것을 보지 못하고 걸음을 지나쳤던 것이다. 그 때문에 연필을 회상해 내지 못했던 것이다.

그리고 배우들이 흔히 받는 질문 중의 하나가 다음과 같은 것이다.

"그 많은 대사를 어떻게 다 외우나요?" 특히 사극에 나오는 주인공의 대사는 꽤나 길다. 하지만 배우가 대사를 줄줄 외는 것도 알고 보면 크게 어려운 일은 아니다. 여기저기 움직이면서 대사를 외우기 때문이다.[*]

연구에 의하면, 실제 배우들은 긴 대사를 기계적으로 암기하는 게 아니라 연기의 상황, 감정, 행동과 관련시켜 힘들지 않게 외우며, 대사를 외우는 과정에서 기억 활동이 물리적 움직임에 도움을 받는다고 한다. 무대를 가로질러 걷는 것과 같은 적당한 움직임을 하는 동안 외운 대사는 그냥 외운 경우보다 더 쉽게 떠오르며, 대사의 상황에 얼마나 몰입했는지도 중요하다고 한다. 훌륭한 배우는 대사를 생각하지 않고 상대 배우의 반응을 통해 자기 배역의 의미를 느끼며, 이때 대사는 자연스럽게 나온다고 한다.

움직임 그 자체가 바로 기억을 불러일으키는 장소의 역할을 하고 있는 것이다. 대신 가만히 앉아서 하는 연기는 대사를 외우기가 어렵다. 그래서 임금 앞에서 머리를 조아리고 있는 '신하'는 방바닥에 써놓은 대사를 보기도 하며, 병실에 누워 있는 '환자'는 천장에 붙여 놓은 대사를 '커닝'하기도 한다.

한편, 한 자리에서 하루 동안의

[*] | **움직임과 지능** | 움직임 자체가 지능과 관련되어 있다고 주장하는 이론이 있다. 지능이 뇌에만 갇혀 있는 것이 아니라 몸 전체의 움직임이나 환경 자극에 연결돼 있다는 이른바 '체화(體化)된 인지(embodied cognition)' 이론이다. 즉 지능은 1차적으로 몸의 움직임을 바탕으로 발달했고, 이후 진화 과정에서 추상적 개념과 언어로 발전했다는 것이다. 이미 100년 전 교육학자 몬테소리(Montessori)는 어린이들이 몸을 많이 움직이고 다양한 물체를 조작하는 역동적인 환경에서 더 잘 배울 수 있다고 주장했다. 실제로 몬테소리 학교에서는 사포로 만들어진 글자를 손으로 만지며 알파벳을 배우고, 나무토막을 가지고 산수를 익힌다. 문법은 문장대로 행동하면서 체득한다. 그는 이미 그때 '체화된 인지' 이론을 적용하고 있었던 것이다.

뉴스를 진행하는 앵커를 보자. 이들은 카메라에만 시선을 고정한 채 원고를 보는 법이 없다. 따라서 이들을 엄청난 기억의 소유자로 알기 쉽다. 하지만 그렇다고 하여 그들이 우리보다 뛰어난 기억력을 가지고 있는 것은 아니다. 카메라 앞에는 자막기계인 프롬프터가 있기 때문이 다. 이것이 없다면 그들도 우리와 마찬가지로 원고와 카메라를 번갈아 바라볼 수밖에 없다.

● 말뚝단어법

이 방법은 어떤 고정된 이미지를 순서대로 미리 기억하고 있다가 이 이 미지에 외워야 될 항목을 일치시켜 또 다른 이미지를 만드는 방법이 다. 이런 방법을 말뚝단어(Peg)법이라고 하는데, 기억해야 할 항목의 순 서를 기억하는 데 유용하다. 따라서 이 방법은 순서가 정해져 있는 아 라비아 숫자를 사용한다. 가령 영어를 사용하는 나라에서는 다음과 같이 사용한다.

One is a bun	(원-번)
Two is a shoe	(투-슈)
Three is a tree	(스리-트리)
Four is a door	(포어-도어)
Five is a hive	(파이브-하이브)
Six is a sticks	(식스-스틱스)

Seven is a heaven	(세븐-헤븐)
Eight is a gate	(에이트-게이트)
Nine is a line	(나인-라인)
Ten is a hen	(텐-헨)

이 문장들을 보면 주어와 술어가 운률이 맞아떨어짐을 알 수 있다. 그리하여 술어에 있는 단어와 외워야 할 항목으로 하나의 이미지를 만들어 기억하면 기억이 잘 된다. 예를 들어 앞에서처럼 여행가방, 잠옷, 토스터, 시계를 사러간다고 하자. 이 때에는 각 항목과 운률 속의 항목 간에 상호작용을 하는 이미지를 만든다. 가령 여행 가방처럼 손잡이가 달린 커다란 빵(One is bun)을 상상할 수 있으며, 잠옷이 신을 신고 있는 것(Two is a shoe), 거대한 토스터에서 굽고 있는 나무(Three is a tree), 문앞에 서 있는 시계(Four is a door)를 상상할 수 있다.

이 항목들의 회상은 운률을 따라감으로써 단서를 받게 된다. 나중에 회상할 때 제일 첫 항목인 One은 같은 음률의 bun(빵)을 생각나게 하는 단서가 된다. 빵이 생각나면 이와 결합된 이미지인 손잡이가 달린 여행가방이 자연이 떠오르게 된다.

이러한 것은 영어를 사용하는 사람들에게 맞을 것이다. 우리는 다른 식으로 사용할 수 있다. 그것은 각 숫자에 맞는 이미지를 떠올려 기억해야 할 대상의 이미지를 여기에 결합시켜 나가면서 기억하는 것이다. 여기에서 주의해야 하는 것은 이미지를 만들 때 구체적인 사물로 만들어야 한다는 것이다. 그래야 머리에 쉽게 떠오른다.

가령 다음과 같이 숫자의 모양과 비슷한 이미지를 미리 외워 놓는다.

또는 오른쪽 그림과 같이 일, 이, 삼 … 에 첫 글자가 일치하도록 이미지를 만들 수도 있다.

그리하여 외워야 할 것을 미리 정해놓은 이미지에 대응시켜 또 다른(혼합된) 이미지를 만들어 외우면 기억이 잘 된다. 이때 중요한 것은 일벌, 이불 같은 이미지를 순서대로 분명히 기억하고 있어야 한다는 점이다.

이 방법은 500자리의 숫자를 한 번 듣고 기억하여 기억력 부문에서 세계 기네스 기록을 보유하고 있는 유태인 에란 카츠가 사용하는 방법이기도 하다. 카츠는 2007년 우리나라에 온 적이 있는데, 회견장에서 불러준 임의의 단어 20개를 즉석에서 외워 사람들을 놀라게 했다고 한다.

숫자에 대한 이미지(1)

숫자에 대한 이미지(2)

1(일벌)	2(이불)	3(삼각형)	4(사진기)	5(오징어)
6(육교)	7(칠판)	8(팔찌)	9(구두)	10(십자가)

그는 'camera', 'interview', 'vice president' 등 청중들이 마구잡이로 부른 영어 단어 20개를 1~20번까지 번호를 붙여 칠판에 적고는, 곧바로 뒤돌아선 뒤 청중이 호명한 번호에 해당하는 단어를 모조리 알아맞혔다. 탄성을 자아내는 사람들을 향해 그는 그 비결을 말해줬다. "저는 숫자마다 미리 특정 단어를 이름처럼 붙여놓습니다. 예를 들어 '12'라는 숫자에 제가 붙여놓은 단어는 '금속'(metal)인데요, 여러분이 12번으로 호명한 단어는 '편지'(letter)였지요? 그럼 저는 '금속 봉투에 넣은 편지'라는 식으로 조합해 머리에 저장합니다. 절대 잊을 수 없죠."

독일의 철학자 칸트는 "게으른 사람만이 메모를 한다"고 했다. 한물간 말이다. 시험을 본다거나 꼭 외워야 될 사항이 아니라면 메모하기를 권한다. 젊은 사람들은 자신의 머리를 믿고 메모를 하지 않으며, 나이든 사람들은 귀찮아서 잘 하지 않는다. 메모는 두뇌 기능이 나빠서 하는 게 아니다. 기록하는 것은 좋은 습관이다.

앞에서도 수차 언급했듯이 우리의 기억은 완전치 못하다. 쇼핑 갈 때 살 것들을 외워서 가면 한 가지라 할지라도 잊어버리는 것이 있다. 또 사소한 것들이 우리의 단기기억 속에 남아 있으면 다른 것을 받아들이지 못한다. 메모를 해서 쇼핑을 가고, 오고갈 때에는 가족이나 이웃을 생각하자.

06

재구성되는

기억

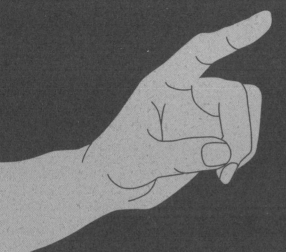

"우리가 보고 들을 때에도 왜곡이 생기고 기억할 때에도
왜곡이 생긴다. 역시 기억에 대한 과신은 금물이다."

이 대목에서 다시 쓰레기 재활용 공장으로 돌아가 보자. 어떤 물품이
장기기억이라는 창고에 저장되기 위해서는 단기기억에서의 처리를 거
쳐야 한다. 하지만 작업대인 단기기억에 재활용품이 많다보면 처리를
제대로 하지 못한 채로 장기기억에 넘겨야 하는 것도 생기게 된다. 이
런 경우라면 앞서 보았듯이 깊은 처리와 정교화를 거치지 못하기 때
문에 온전히 기억되기는 힘들다.

또한 장기기억의 저장 과정에서 관리부실로 인해 제대로 저장하지
못하는 경우도 생길 수 있다. 그래서 보관용으로 제대로 처리가 안 되
었다면 계란이나 씨앗은 닭이나 식물로 자랄 수도 있고, 얼음조각과
같이 온도에 민감한 물품은 녹아 없어질 수도 있다.

이처럼 우리는 장기기억이라는 창고에 기억을 저장할 때 제대로 보
관하기를 원하지만 어떤 사유로 인해 우리가 원래 저장하려 한 것과
다르게 저장될 수도 있다. 이러한 것이 재구성된 기억이다.*

TV의 오락 프로그램 내용 중에 한 이야기를 들은 사람이 그 다음
사람에게 이야기를 전달하여 여러 사람을 거치는 놀이가 있다. 첫 이

야기와 나중 이야기가 상당부분 달라지는 경우가 대부분이다. 이것은
이야기 내용이 전달자가 가지고 있는 어떤 틀과 맞지 않으면 내용을
삭제하거나 혹은 새로운 내용을 첨가하여 확대시키기 때문이다. 즉 우
리가 정보를 저장할 때 혹은 정보를 끄집어 낼 때 기억을 재구성한다
는 이야기다.

"어, 그랬던가?" - 기억은 변한다

우리는 보거나 들은 것을 본 그대로
혹은 들은 그대로 기억하지 않는다.
"인수가 동수를 때렸다"는 말을 듣
고 나서 나중에 '똑같이' 기억해 보
라 하면 동수가 인수를 때렸는지, 동
수가 인수에게 맞았는지, 인수가 동
수를 때렸는지, 인수가 동수에게 맞
았는지 잘 모른다. 또 "옆집 개가 고
양이를 쫓아가다가 트럭에 치여 죽
었다"는 이야기를 듣고 난 후, 나중
에는 옆집 개가 길을 건너다가 죽었
다고 기억하기도 한다. "술집에서 콜
라병을 깼다"는 말을 들으면 우리들

* | 기억의 재구성 원리 | 서울대학교 강봉균
교수팀에 의하면 뇌에 저장된 기억을 떠올릴 때
단백질 분해 과정을 통해 기억을 저장한 시냅스
가 허물어지면서 기억이 재구성된다고 한다. 시
냅스(synapse)는 신경세포의 신경돌기 끝부
분이 다른 신경세포와 접합하는 부위로, 시냅
스를 통해 한 신경세포에 있는 신호가 다른 신경
세포에 전달된다. 사람의 뇌는 새로운 경험이나
학습을 할 때 시냅스들이 단단하게 결합되며 이
러한 강화 과정을 통해 우리는 배우고 경험한 것
을 오랫동안 기억할 수 있게 된다.
강봉균 교수팀은 기억을 떠올릴 때 기억을 부호
화하면서 강화되었던 시냅스가 특수단백질분
해과정을 통해 허물어지고 결국 기억을 재구성
가능한 상태로 만든다는 것을 밝혔다. 즉 기억
을 떠올릴 때 시냅스를 구성하는 신경세포들은
특수단백질분해과정을 사용해 시냅스의 단백
질 분해를 증가시키고 이러한 증가가 결국 기억
을 부호화하는 시냅스를 허물어뜨림으로써 기
억의 재구성을 가능하게 한다는 것이다.

대부분은 술병을 깼다고 나중에 기억한다.

바틀렛(Bartlett)이라는 영국의 한 심리학자는 한 피험자에게 독수리 그림을 보여주고 '그대로' 그려보라고 했다. 그리고 이 피험자가 그린 그림을 다른 피험자에게 보여주면서 '그대로' 그려보도록 했다. 이렇게 몇 번을 반복했을 때 그 그림은 더 이상 독수리 그림이 아니었다. 그것은 고양이가 되어 있었다.(오른쪽 그림 참조)

이처럼 우리는 보다 완전한 기억을 위해 상식을 이용하거나 고정관념 혹은 우리가 가진 도식에 맞게 짜맞춘다. 즉 앞뒤가 제대로 맞지 않는 기억은 지워버리고 중간에 붕 뜬 대목에서는 우리가 만들어 집어넣는다. 이렇게 재구성한 기억은 복잡한 세상을 이해하려는 욕구의 산물이기도 하지만 — 사람은 완전한 것을 좋아한다 — 어떤 경우에는 생사람을 잡는 부작용을 낳기도 한다.

바틀렛(Bartlett)은 전설과 상징의 내용이 많은 미국 인디언의 이야기인 「유령의 전쟁」을 이용하여 다음과 같이 재구성 기억에 대한 실험을 했다. 실험에 참가한 피험자의 대부분은 케임브리지 대학의 학생들이었다. 다음 이야기가 20시간과 2년 6개월이 지난 뒤에는 어떻게 바뀌었는지 비교해 보라.

어느 날 밤 에귤랙의 두 청년이 강으로 물개 사냥을 나갔다. 주위는 안개가 자욱하고 조용했다. 그때 그들은 함성소리를 들었다. 두 청년은 한판 싸움이 벌어질 것 같다고 생각하여 해안으로 도망 간 뒤 통나무 뒤에 숨었다. 그때 여러 대의 카누가 올라오는 것을 보았고 노젓는 소리도 들었다.

바틀렛의 실험에
피험자들이
그린 그림

그 중 한 대의 카누가 두 청년에게 가까이 다가왔다. 그 카누에는 다섯 사람이 타고 있었는데, 그들이 두 청년에게 말했다. "당신들을 데리고 가고 싶은데 어떻소? 우리는 강을 거슬러 올라가 전쟁을 할 작정이오." 한 청년이 말했다. "나에게는 화살이 없소." 카누에 탄 사람들은 "화살은 카누 안에 얼마든지 있소."라고 대답했다.

이 청년은 다시 말했다. "난 가지 않겠소. 죽을지도 모르지 않소. 또 내가 간다면 나의 동족들은 내가 어디로 갔는지 모르지 않겠소? 하지만 너는…"라고 하며 옆의 청년을 보며 말을 계속했다. "이 사람들과 가고 싶으면 가렴."

이렇게 해서 한 청년은 카누 탄 사람들과 함께 싸움을 하러 가고 다른 청년은 집으로 돌아왔다.

카누를 탄 일행은 계속 강을 거슬러 올라가 반대편의 마을로 갔다. 그러자 그 마을 사람들이 강으로 내려왔고 전투가 시작되었다. 많은 전사자들이 생겼다. 청년은 "자, 이제 서둘러 집으로 돌아가자. 저 인디언이 화살에 맞았어."라고 말하는 소리를 들을 수 있었다. 그제야 그 청년은 '아! 저 사람들은 유령이었구나.'라고 생각했다. 이 청년은 아무런 통증을 느낄 수 없었는데도 카누를 탄 사람들은 이 청년이 화살에 맞았다고 말했다.

카누에 탄 사람들은 에귤랙으로 되돌아왔다. 싸움에 참가한 청년은 카누에서 내려와 집으로 가서 불을 밝혔다. 그러고 나서 동네 사람들에게 "여러분! 나는 유령들과 함께 전투에 참가했습니다. 우리편 용사도 많이 죽었고 우리를 공격했던 적들도 많이 죽었습니다. 그들은 내가 화살에 맞았다고 말했지만 난 전혀 통증을 느끼지 않았습니다."라고 말했다.

이 모든 것을 말하고 난 다음 청년은 조용해졌다. 태양이 떠올랐을 때 청년은 쓰러졌다. 청년의 입에서는 검붉은 무엇인가가 나왔다. 청년의 얼굴은 일그러졌다. 사람들은 놀랐고 울음을 터뜨렸다. 그 청년은 죽었다.[12]

20시간이 지난 뒤 피험자는 다음과 같이 기억했다.

두 명의 인디언이 만파파 만으로 물개 사냥을 나갔다. 그 때 한 대의 전투용 카누를 타고 다섯 명의 다른 인디언들도 같이 왔다. 그들은 전투를 하러 가고 있었다.

"우리와 함께 싸우러 가겠소?"라고 다섯 명의 인디언들이 두 명의 인디언에게 물었다. "나는 부양해야 할 어머니가 집에 계시기 때문에 못가겠소."라고 두 인디언 중 한 명이 말했다. 옆에 있던 다른 인디언도 무기가 없어서

갈 수 없다고 말했다.

"그런 건 문제가 되지 않소. 카누 안에는 화살이 많이 있소."라고 다섯 명의 인디언들이 말했다. 그래서 한 사람은 카누를 타고 전투에 참가하러 다섯 명의 인디언들과 함께 떠났다.

전투가 시작되었고 곧 그 젊은 인디언은 치명상을 입었다. 자신의 종말이 다가오고 있음을 알고 그 인디언은 자신이 죽으려 한다고 외쳤다. 다른 사람들은 "쓸데없는 소리, 당신은 죽지 않을 것이오."라고 말했다. 그러나 그 인디언은 죽었다.

이러한 것도 2년 6개월 후에는 다음과 같이 회상되었다.

몇몇 전사들이 유령들과 전쟁을 벌이러 나갔다. 그들은 하루 온종일 싸웠고, 그 중의 하나가 부상당했다.

저녁에 그들은 부상당한 친구를 메고 집에 돌아왔다. 하루가 끝날 무렵 그는 급속히 악화되었고 동네 사람들이 주위에 모여들었다. 해가 질 때 그가 한숨을 쉬었다. 무언가 검은 것이 그의 입에서 나왔다. 그는 죽었다.

20시간이 지나는 동안에 이야기 내용이 바뀌어버렸다는 것을 알 수 있다. 원문에는 유령 이야기를 하고 있으나 나중 이야기에는 유령에 대한 언급이 전혀 없다. 이야기 속의 마을이름(에귤랙)은 거의 등장하지 않았으며 카누는 단순한 배로 인식되었고 통나무 뒤에 숨는 부분도 빠졌다.

또 원래 이야기는 주인공들이 강으로 나간 것이 물개를 사냥하기 위한 것이었는데, 실험에서는 많은 피험자들이 그것을 낚시라는 친숙한 활동으로 묘사했다. 어머니를 부양해야 하기 때문에 전투에 참가할 수 없다는 이야기도 원문에서는 나오지 않는다. 입에서 검붉은 무엇인가가 나온 것도 "입에 거품을 물었다"거나 "토했다"로 바뀌었다. 자기 문화권에 친숙하지 않은 세부사항들이 무시되거나 왜곡된 것이다.

실험에 참가한 사람들은 자신이 이야기를 바꾸어버렸다는 것조차 몰랐다. 즉 사실 그대로가 아니라 기억된 대로 이야기를 전하는 것이었다. "옆집 개가 고양이를 쫓다가 트럭에 치여 죽었다"는 것도 "고양이를 쫓는 것은 개의 습성이고, 트럭에 치여 죽었다면 길을 건너고 있었을 것이다"고 추론한다. 따라서 '고양이를 쫓아간 것'이나 '트럭에 받힌 것'은 잊어버리고, 길을 건너다 죽은 것으로 기억에 남게 된다. 요약하면 우리가 갖고 있는 사회적·문화적 사고방식에 맞게 기억을 다시 짜맞춘다는 이야기다. 우리가 보고 들을 때에도 왜곡이 생기고 기억할 때에도 왜곡이 생긴다. 역시 기억에 대한 과신은 금물이다.

목격자 증언, 믿을만한가?

기억을 다시 짜맞춘다는 것은 일상생활에서 중요한 결과를 초래하기도 한다. 특히 법정에서의 목격자 증언이 사실에 바탕을 둔 것이 아니고 기억을 짜맞추어서 이루어진다면 예상치 않은 결과를 초래하기도 한다. 사례를 보자.

영국의 정치가이자 탐험가인 월터 롤리(1552~1618)는 대역죄로 몰려 런던탑에 갇혀 있는 동안 『세계사』를 집필했다. 제1권을 끝내고 제2권 집필에 들어간 어느날, 우연히 창밖을 내다보고 있는데 큰 패싸움이 벌어지고 있었다. 그 패싸움을 처음부터 끝까지 그는 자세히 관찰했다.

그러나 다음날 또 다른 목격자의 얘기를 들은즉, 자기가 정확히 봤다고 생각한 것과 전혀 달랐다. "당장에 내 눈으로 본 것도 분명치 않은데 어떻게 먼 옛날의 진실을 알아낼 수 있겠는가." 이렇게 생각한 그는 모든 원고를 불태워 없앴다. 이래서 그의 세계사는 미완성으로 끝났다.

1979년 8월, 로마 가톨릭 신부인 파가노(Pagano)는 무장강도 혐의로 기나긴 법정 투쟁을 하고 있었다. 7명의 목격자들이 그를 자기를 턴 강도와 똑같다고 범인으로 지목했기 때문에 그는 유죄판결을 받는 것이 확실해 보였다. 목격자들 모두가 이 신부가 그들을 턴 강도라는 것을 잘못 보았을 리는 없었다. 하지만 체포 당시부터 파가노 신부는 자신의 결백을 주장했으나 먹혀들지 않았다. 가톨릭 교회의 신부라는 그의 신분도 소용이 없었다.

결국 이 재판은 진범이 자기 죄를 자백함으로써 끝나게 되었다. 로널드 클라우저라는 진범은 결혼생활이 파탄나고 빚에 시달리자 범행을 했지만, 무고한 사람이 처벌되는 것을 원치 않았기 때문에 자수를 하게 되었다고 했다.

진범(왼쪽)과 파가노 신부

파가노 신부와 범인은 생김새부터 많이 달랐다. 파가노 신부는 53세의 대

머리 중년이었으나 진범은 39세에 불과했다. 위의 사진을 비교해 보라.

둘이 서로 닮았는가?[13]

우리나라에서도 1990년대 중반 법정증인 보복살인이라는 사건이 발

생하여 사회적으로 큰 충격을 준 적이 있다. 자신의 성폭행 범죄에 불

리한 증언을 한 사람을 찾아갔는데, 그가 없자 그의 외아들과, 놀러온

아들의 이웃 친구를 살해하고 부인을 중태에 빠뜨린 채 달아난 사건이

었다. 이 사건으로 증언과 관련된 사람 여러 명이 경찰에 보호요청을

하는가 하면, 보복을 우려해 증언을 하지 않으려는 분위기가 확산되었

다. 또 격투 끝에 강도를 붙잡은 용감한 시민이 보복을 우려해 자신의

신분을 숨기는 바람에 '용감한 시민상'을 표창하려는 경찰이 그의 소재를 파악하느라 한바탕 해프닝을 벌이는 사태도 벌어졌었다.

설사 자신에게 불리한 증언을 했다 하더라도 그것이 사실이라면 이렇게까지 끔찍한 범행을 저지르기는 어려울 것이다. 그렇기에 어찌 보면 증인이 어느 정도, 아니면 상당 부분 과장되거나 잘못된 증언을 하지 않았을까 하는 의구심도 들게 된다.

목격자 연구를 열심히 하던 호주의 한 심리학자도 뜻밖의 사건에 연루된 적이 있었다. 도널드 톰슨(Donald Thompson)이라는 심리학자는 범죄자의 옷이 목격자들에게 어떻게 강한 영향을 미치는지에 대해 많은 연구를 수행했다. 그는 목격에 대한 TV 토론에 참가하기도 하는 등 폭넓게 토론회에도 참석했다. 하지만 몇 주 후 그는 경찰에 의해 용의자

범인의 몽타쥬

진범의 사진
(앞 페이지의 몽타쥬와
비교해 보자.)

로 지목되어 라인업(Line up) — 경찰이 혐의자들을 한 줄로 세워놓고 목
격자에게 그 혐의자를 살펴보고 범인으로 생각되는 사람을 지목하게
하는 수사방식 — 에서 피해자에 의해 강간범으로 확인되었다. 하지만
그에게는 다행스럽게도 사건이 일어난 시간과 그가 TV에 출연한 시간
이 일치하여 그에게는 알리바이가 있었다. 그때 한 경찰관은 그를 보면
서 말했다. "그렇군요. 제가 볼 땐 당신은 예수님처럼 보이기도 하고 영
국 여왕처럼 보이기도 하는군요."

나중에 조사한 결과, 강간 사건이 발생한 동안에 TV가 켜져 있었
고, 그 피해자가 TV에 나온 톰슨의 얼굴을 가해자의 얼굴과 '어떤 식
으로' 뒤섞은 것으로 판명되었다.[14]

다음의 몽타주를 보자. 이 몽타주는 어떤 사건의 범인으로, 목격자
의 진술을 토대로 하여 작성된 것이다.[15]

이 몽타주를 보았을 때 그가 어떻게 생긴 사람이라고 생각을 했는

가? 위에 그의 실제 사진이 있다. 몽타주가 실제 사진과 닮아 보이는가?

●범인식별

범인을 가려내는 방법으로 흔히 목격자의 범인식별(criminal identity parade)이나 사진식별 등의 방법이 많이 사용된다. 하지만 그 결과를 보면 상당히 높은 비율로 범인을 잘못 판단하고 있음을 알 수 있다. 특히 경찰로부터 범인에 대한 암시를 받으면 목격자는 아주 자세한 기억까지 왜곡시키며 증언한다. 미국 법무부 보고서에 따르면 유죄 선고를 받았다가 나중에 DNA 증거를 통해 무죄로 입증된 28명 중 무려 24명이 범인식별이나 사진식별 과정에서 명확하게 범인으로 지목되었다고 한다.

아이오와 대학의 개리 웰스 교수는 범죄의 세세한 기억들에 대한 목격자의 변조 여부를 연구하기 위해 127명의 피험자를 대상으로 실험했다. 웰스 교수는 피험자들에게 연구 목적을 알리지 않고 먼저 비디오 테이프를 보게 한 다음 그 중 한 등장인물에 대한 인상을 말하도록 했다. 비디오 테이프를 그 장면에서 멈추고 세심하게 관찰하게 했지만 지목된 등장인물에 대한 인상을 기억하는 피험자는 없었다.

다음에는 피험자들에게 그 사람이 권총살인 용의자라고 말해주고 여러 개의 사진 중에서 찾아보라고 요구했다. 사진 중에는 지목된 용의자가 없음에도 불구하고 모든 피험자들이 한 명씩 용의자를 가려냈다.

특히 무작위로 뽑은 A그룹에 대해 "당신이 가려낸 범인이 맞다"고 의도하지 않은 듯 암시를 주었는데, 그러자 이들 그룹의 53%는 자신의 식별에 대해 확신을 가졌다. 아무런 암시도 주시 않은 B그룹의 경우는 14%에 불과했다. 놀라운 것은 A그룹은 목격한 내용 중 아주 세세한 부분까지 정리해 낸다는 점이다. A그룹의 13%는 '권총 살인범'의 얼굴도 상세히 그려 낼 수 있다고 주장한 반면 B그룹은 아무도 그런 주장을 하지 않았다.

미국의 조사에 따르면 목격자 증언에 의해 해마다 약 77,000명의 사람들이 체포된다고 한다. 그러나 미국에서는 목격이 다른 어떤 요인보다도 잘못된 유죄 판결을 이끄는 큰 원인이라는 주장도 널리 알려져 있다.[16]

영국에서도 1976년 데블린 경(Sir Devlin)이 이끌던 위원회가 범인식별 및 목격자 증언과 관련하여 보고서를 낸 적이 있다. 이들은 1973년 영국과 웨일스에서 행해진 2,000건이 넘는 모든 범인식별을 분석했다. 그중 45%에서 용의자가 지목되었는데, 이 용의자 중 82% 이상이 기소되었다. 그리고 300건 이상의 경우에서는 목격자 증언이 유일한 범죄의 증거였는데, 이 경우조차 기소율은 74%였다. 또한 세크 등은 『사실상 무죄』(Actual Innocence)라는 책에서 잘못 유죄 판결을 받은 사람들의 84%가 적어도 부분적으로는 목격자나 피해자의 엉터리 증언에 의한 것이라고 한다.

목격자는 사건의 여러 정황에 대해 상당한 확신을 갖고 있다. 그러나 사건은 증언을 해야 하는 시점으로부터 오래 전에 일어난 것이다.

그렇기 때문에 세부적인 내용은 희미해진다. 하지만 그 사건은 자신에게 뚜렷했기 때문에 자꾸 되뇌기를 하게 되고, 그 과정에서 희미해진 틈새를 채워넣게 된다.

그 과정을 보기 위해 다음 연속되는 문장을 보자.

1. 프로보는 프랑스의 아름다운 왕국이다.

2. 코르만은 프로보의 왕위 계승자이다.

3. 그는 기다리는 데 지쳤다.

4. 그는 청산가리가 해결해 줄 것이라고 생각했다.

이 이야기를 읽다보면 어느 시점에서 추론하게 된다. 문장 3에서는 코르만이 왕이 되기를 원한다고 추론하며, 문장 4에서는 코르만이 왕을 독살하기로 결정했다고 추론한다. 하지만 이것은 정당한 추론이 아니다. 그가 기다리는 데 지쳤긴 하지만 좀더 기다릴 수도 있을 것이고, 청산가리의 용도가 꼭 왕을 독살하는 것도 아닐 수 있는 것이다.

하지만 기억은 혼동하게 된다. 자신도 의식하지 못하는 사이에 자신이 세운 가정에 맞도록 추론하여 채워 넣음으로써 그 기억은 부정확한 것이 된다. 이렇게 부정확한 기억은 되뇌기를 통해 강력한 기억으로 이끌어가서 결국에는 높은 확신도를 갖게 되는 것이다. 피험자들은 제시된 원래 문장이 정확히 어느 것이었냐고 나중에 검증하는 시점에 이르자, 원래의 문장과 자신이 독살과 관련하여 추론한 문장을 구분하는 데 어려움을 겪었다. 그만큼 실제 제시된 것과 우리가 첨가한 것을 구분하기란 쉽지 않다.

또한 목격자들은 사건을 보면 흥분하게 되고 사건에 대해 증언을 해야 한다는 생각을 갖고 있지도 않다. 때문에 관찰을 제대로 할 수가 없기도 하다. 한 심리학자(O. Leible)는 경찰학교에서 실험을 했는데, 수업 도중에 두 사람이 강의실에 뛰어들어 그 중 한 사람이 다른 사람을 공격하는 것이었다. 그것에 걸린 시간은 단 6초였다. 즉시 그 생도들에게 사건에 대해 진술을 요청했지만 단 한 사람도 제대로 된 진술을 하지 못했다. 그 장면을 목격한 생도들은 나중에 증언을 하리라고 생각하지 않기 때문에 일어난 일을 제대로 기억할 생각이 없었던 것이다. 마찬가지로 강도를 직접 당했다 하더라도 지갑에 돈이 얼마나 있었는가 혹은 어떻게 집에 가야 하는가 등을 생각하다 보면 범인의 얼굴이라든가 옷차림은 희미해져 버리기도 한다.

또 어떤 식으로 목격자를 심문하느냐에 따라 증언에 오류가 생겨날 수도 있다. 차가 충돌하는 비디오 테이프를 똑같이 보고도 "두 차가 부딪칠(hit) 때 차의 속도가 얼마였는가?"라고 물을 경우와, "두 차가 정면 충돌할(smashed into) 때 차의 속도가 얼마였는가?"라고 물을 경우, 그들이 말하는 차의 속도가 달랐다. 또 실제로는 유리창이 깨지지 않았음에도 불구하고 정면충돌의 경우엔 유리창이 깨졌다고 말했다.[17]

다음 이야기를 한 번 보자. 목격자 증언이 얼마나 허구일 수 있는지를 알아내기 위한 실험에 한 남자와 두 여인이 등장한다.

두 여인이 버스 정류소에 들어가 가방을 벤치에 놓았다. 그리고 나서 주의

를 기울이지 않은 채 버스 시간표를 확인하고 있었다. 그 때 한 남자가 들어와서 그 가방에 손을 대고서는 무엇을 자기 코트 밑으로 챙겨넣은 다음 지나갔다. 두 여인 중 한 여인이 가방이 있는 곳으로 와서 내용물을 체크하다가 녹음기를 도난당했다고 말했다.

많은 목격자들은 잃어버린 녹음기에 대하여 색깔, 크기, 모양 등 상세하게 기술했다. 그러나 사실 가방에 녹음기는 원래 없었다.

이처럼 목격자 진술이 생사람을 잡을 수도 있다. 자기 눈을 과신한 목격자 때문에 2만 5천원을 훔쳤다는 누명을 써 9개월의 옥살이를 한 새신랑이 있는가 하면, 3년 6개월 만에 살인혐의를 푼 20대 여인도 있다. 또 안타깝게도 11년간의 억울한 옥살이를 비관하여 자살한 사람도 있다. 먼 나라 이야기가 아닌 우리나라 이야기다.

다행히 우리나라 법원도 이제는 목격자 진술의 엄격성을 강조하고 있는 듯하다. 2007년 대법원은 "용의자를 단독으로 목격자와 대질시키거나 사진 한 장만을 제시하는 것은 용의자가 범인이라는 암시를 줄 수 있으므로 그런 상태에서 한 목격자 진술은 신빙성이 낮다"고 판시했으며 2008년에는 "용의자 1명을 목격자에게 제시해 범인 여부를 확인하게 했다면 목격자 진술의 신빙성이 낮다"고 판시했다. 목격자 증언의 특성에 비춰보면 상당히 다행스런 판결이라 할 수 있다.

사진처럼 찍히는 기억-섬광기억

1994년 김일성 사망소식을 처음 들었을 때 당신이 당시 무엇을 하고 있었는지 기억해 보라. 혹은 성수대교가 붕괴되던 때거나 삼풍백화점이 무너졌을 때, 국보 1호 남대문이 불타 없어지던 모습이 텔레비전으로 생생하게 중계될 때 여러분은 그때 무엇을 하고 있었는지 기억해 보라. 혹은 당신에게 큰 충격을 주거나 대단히 의미 있는 사건 — 차 사고, 부모의 부음 소식, 졸업식, 결혼식 등 — 을 기억해 보라. 그날이 생생하게 기억될 것이다.

어떤 사건과 관련된 상황들은 오랜 시간이 지나도 생생하게 기억해 낼 수 있는데 이것을 섬광기억(flashbulb memory)이라고 한다. 그러한 기억은 카메라 플래시가 터질 때 찍은 사진과 같이 생생하게 기억이 된다. 즉 머릿속에 '인쇄'되는 것이다. 그래서 다큐멘터리 프로그램을 보면 상당히 오래 전에 일어난 어떤 굵직굵직한 사건에 대해 여러 명의 증인들이 나와 당시의 상황을 생생하게 증언하기도 한다.

1986년 우주왕복선 챌린저호의 폭발이 일어났을 때, 수백만 명의 사람들이 TV를 통해 그 사건을 목격했다. 연구에 의하면 미국인의 경우 30대 이상의 많은 사람들은 챌린저호 폭발사고를 알았을 때 정확하게 어디에 있었는지, 무얼 하고 있었는지, 누구와 함께 있었는지, 누가 그 이야기를 해주었는지를 생생하게 기억한다고 한다. 40대 이상이라면 1981년 레이건 대통령이 암살당할 뻔했을 때의 섬광기억을 갖고 있으며, 60대 이상이라면 케네디 대통령의 암살과 루터 킹 목사의 암살사건에 대한 섬광기억을 갖고 있다고 한다.

실제로 연구를 보면[18] 케네디 대통령의 암살 소식을 들었을 때 대부분의 사람들은 자신이 어디에 있었으며, 무엇을 하고 있었고 누구에게서 그 소식을 들었는지 등등을 회상할 수 있었다. 오래 전 한 심리학자의 연구에서는 링컨이 암살당한 후 30년이 훨씬 지나 인터뷰했을 때 179명 중 127명이 링컨 암살 사건을 들었을 때 그들이 어디에서 무엇을 하고 있었는지를 생생하게 기억할 수 있었다고 한다.[19]

연구자들에 의하면 그렇게 놀랍고 정서적으로 강력한 사건은 심적 플래시를 터뜨리게 만들어 평소에는 너무나 당연해서 언급할 가치가 없는 세부사항까지 전체 장면을 기억하게 한다는 것이다. 그 때문에 그날 날씨는 구름이 끼고 우중충했다거나 담배 한 갑을 들고 있었는데 그것을 떨어뜨렸다는 것까지 기억할 수 있다는 것이다.

1960년대 이후 30여 년간 풍미한 인지심리학의 지평을 연 나이서(Neisser) 박사조차 섬광기억과 관련된 이야기가 있다. 그는 제2차 세계대전 당시 진주만이 폭격당했다는 뉴스를 들었을 때의 경험을 다음과 같이 이야기한 적이 있다.

"나는 거실에서 라디오로 야구 경기 중계를 들으며 앉아 있었던 기억이 난다. 그 경기는 사건 보도 때문에 중단되었고, 나는 어머니에게 말하려고 위층으로 달려갔다. 이 기억은 너무 분명하여 지난해까지 그 자체의 어떤 부조리에 대해 결코 의문을 가져본 적이 없다."

하지만 일본의 진주만 폭격이 일어난 때는 1941년 12월 7일 아침이었다. 12월이면 겨울이 시작되는 때여서 야구 경기가 없다. 따라서 야구 경기 중계도 있을 수가 없다. 결국 나이서 박사의 섬광기억도 사실이 아니었던 것이다.

실제로 나이서 박사는 우주선 챌린저호 폭발사건에 대해 사람들의 기억을 조사한 적이 있다. 즉 사고 다음날과 사고가 난 지 3년 후에 사람들의 기억을 조사했다. 대부분의 사람들은 사고 소식을 들었을 때 자신이 하고 있던 일에 대한 기억이 선명하다고 말했다. 그러나 1/3의 사례에서 3년이라는 세월이 흐른 후의 기억은 사고 바로 다음날 기억한 것과는 매우 달랐다.

섬광기억은 정확하지 않다는 것이 확인되고 있다. 섬광기억의 가장 큰 특징은 대부분의 사람들이 기억할 정도로 그 사건이 크고 중요하다는 것인데, 그 사건을 기억하고 있는 많은 사람들이 다른 사람과의 대화 등을 통해 자주 이야기하고 반복적으로 접하게 되므로 기억이 잘 된다는 것이다. 따라서 많은 연구자들은 섬광기억이 머릿속에 설치되어 있는 가상적인 플래시에 의존한 것이 아니라 빈번한 시연과 반복적인 인출에 의한 재구성의 산물이라고 본다.

이러한 섬광기억의 또 다른 특징은 사건 자체는 실제이지만, 그에 대한 생생한 기억은 지극히 개인적인 일이라 그것이 정확한 것인지 평가하기가 어렵다는 것이다. 예컨대 어떤 사람은 1960년 칠레에서 발생한 강력한 지진에 대해 상세한 기억을 하면서, 집이 격렬하게 흔들리는 바람에 아침 일찍 일어나서 보니, 할아버지 시계가 오전 6시 정각에 멈춰 있었다고 했다. 하지만 몇 해가 지난 후 그 사람은 지진이 실제로는 오후에 접어들 무렵 발생했다는 사실을 알게 되었다. 지진이 일어난 것은 실제였지만, 섬광기억은 사실이 아니었던 것이다. 아주 생생한 기억으로 생각되는 섬광기억도 다른 기억과 마찬가지로 변형되고 왜곡되었던 것이다.

이러한 섬광기억은 촬영 당시에는 생생한 기록이었지만, 시간이 갈수록 그 빛이 바래지는 사진과 같다. 그러다 보면 사진 찍은 시간이 오전인지 오후인지 헷갈리게 되고, 초봄인지 초가을인지 계절도 헷갈리게 된다. 그 때문에 정확한 사실을 요하는 다큐멘터리 프로그램에서는 수십 년 이상 섬광기억을 가진 증인의 증언을 뒷받침하기 위해 당시의 영상자료를 내보낸다.

스스로 만드는 기억 - 허위기억

아마 이런 경험이 있을 것이다. 친구에게 아주 재미있는 유머를 말해줬는데, 친구가 "그거 내가 해준 이야기잖아" 했던 경험 말이다. 정말이지 머쓱하지 않을 수 없다. 이야기를 전해준 정보원과 메시지의 관계가 망각되어 발생하는 현상이다. 이러한 것을 수면자 효과*라고 한다. 메

* | **수면자 효과** | 일반적으로 설득하는 사람의 신뢰도가 높으면 설득 효과도 높다. 그러나 신뢰도가 낮은 사람이 설득을 하면 시간이 지남에 따라 설득 효과가 높아지는 경향이 있다. 이것은 설득자의 신뢰도와 내용이 시간이 지남에 따라 분리되기 때문이다. 그래서 설득자에 대한 기억은 희미해져 가고 내용만 남게 되어 설득 효과가 높아지는 것이다. 이것을 수면자 효과라고 한다.

시지의 전달자와 그 내용의 연결이 끊겨버려 그런 이야기를 혼자 알고 있는 것인 양 자랑하다가 이러한 일이 생기게 되는 것이다.

이와 유사하게, 특정 사건에 대해 기억의 일부를 잊어버리고 나면 실제로 일어났던 일과 상상한 일, 또는 암시된 일 사이에 혼동이 일어나게 된다. 그래서 우리가 상상하거나 생각해본 일이 점점 친근해져서 결국에는 상상이 실제 기억인 것처럼 느껴질 때가 있다. 이것이 허위기억이다. 허위기억은 기억해 내라는 주위의 압력이 있고, 떠오르지도 않는 기억을 상상해 보려고 애쓸 때, 그리고 기억의 사실 여부를 생각하지 않도록 유도하면 진짜로 받아들이기 쉽다.

최근에는 아동기에 경험했던 성적 학대에 대한 억압된 기억이 성인이 되어 회복되었다고 주장하면서 법적 소송절차를 밟는 경우가 증가하고 있다. 문제는 이러한 기억이 정말로 억압된 기억의 회복인지, 아니면 발생하지도 않은 사건에 대한 꾸며진 기억인지를 알아내는 것이지만, 현실적으로 매우 어렵다. 그러나 일부 기억 연구자들은 억압된 기억의 회복이 주로 심리치료 과정에서 발생한다는 점에 주목하고 이러한 잘못된 기억이 치료자의 암시나 유도질문에 의해 형성될 수 있음을 지적한다.

실제로 1992년 미국에서는 상담원이 한 여성의 왜곡된 기억을 이끌어내는 바람에 고소당하는 사건이 일어났다. 상담원은 상담을 통해 그 여성이 7~14세 때 목사인 아버지에게 여러 차례 성폭행을 당해 2번이나 임신한 적이 있다는 기억을 이끌어 낸 것이다. 하지만 정밀검사 결과 그녀는 한 번도 성관계를 한 경험이 없는 것으로 밝혀졌다.

어린이들을 대상으로 한 연구에 따르면, 어린이들은 어떤 일을 상상해보라고 하거나 암시만 주어도 너무나 쉽게 그 일을 실제 사건으로 확신하게 된다고 한다. 이러한 허위기억은 너무나 정교해서 아동학대 전문 심리학자조차도 어느 기억이 진짜인지 분간할 수 없을 정도라는 것이다 — 그러므로 특히 어린이를 대상으로 하는 상담이라든가 법정에서의 심문은 특별한 주의를 필요로 한다.

아동의 인지발달로 유명한 스위스의 심리학자 장 피아제(Jean Piajet)조차 한때 자신의 아동기에 관한 선명한 기억을 다음과 같이 이야기한 바 있다.

> "내 첫 기억은 두 번째 해에 일어난 것이다. 난 파리 샹젤리제 거리에서 유모가 밀고가는 유모차에 앉아 있었는데, 한 남자가 나를 유괴하려고 했다. 난 안전띠를 단단하게 매고 있었으며 유모는 용감하게 유괴범을 떼어놓으려 하고 있었다. 유모는 상처가 많이 났으며, 지금도 희미하게나마 그 상처를 볼 수 있다. 그때 군중이 모여들었고, 순경이 나타나자 그 남자는 줄행랑을 쳤다. 나는 여전히 전체 장면을 볼 수 있으며, 지하철 근처의 위치도 확인할 수 있다."[20]

그는 이러한 기억을 15세까지 진짜로 믿고 있었다. 하지만 이 기억은 15세 때 엉터리였다는 것이 밝혀졌다. 그의 유모가 잘못을 고백하려고 그의 부모에게 편지를 썼는데, 거기에는 피아제를 유괴범으로부터 보호했던 이야기가 꾸며낸 것이라고 씌어 있었던 것이다. 물론 상처도 꾸민 것이었다. 피아제는 어렸을 때 이러한 이야기를 듣고 확실한 것으로 믿었던 것이다. 이처럼 우리의 기억이 아무리 선명하다고 하더라도 철저하게 가공된 것일 수 있다.

실제로 허위기억을 심을 수도 있다. 한 실험에서 대학생들에게 디즈니랜드와는 아무 관계없는 워너 브러더스사의 만화영화 주인공 벅스 바니(토끼)를 선전하는 디즈니랜드 광고를 보여준 뒤, 어렸을 적에 디즈니랜드에 갔던 기억들에 관한 질문을 했다. 그러자 이들 중 36%가 디즈니랜드에서 벅스 바니를 만났다는 대답을 했으며, 상당수가 디즈니랜드에서 벅스 바니를 쓰다듬었다든가 포옹을 했다든가 하는, 말도 안 되는 경험을 자세히 얘기했다는 것이다 — 디즈니랜드의 마스코트는 미키 마우스이다.

다른 연구(Hyman 등)에서는 대학생들에게 그들이 5세경에 일어난 사건을 기억하는지 물었다. 가령 결혼 피로연에 참석하여 실수로 신부의 부모님께 음료수를 쏟은 사건 같은 것이었다. 물론 이러한 사건은 진실이 아니었다. 처음에는 누구도 그런 사건을 기억해내지 못했지만 두 번의 인터뷰 후에는 20~25%의 학생들이 그 사건의 부분이나 전모를 아주 상세하게 기억한다고 보고했다. 실제로 많은 학생들은 자신에게 제시되지 않은 세부사항까지도 기억해내기 시작했다. 한 참가자는 처음 인터뷰에서는 아무것도 기억해내지 못했지만 두 번째에서는 "야외결혼식이었는데, 이리저리 뛰어놀다가 음료수 병을 쓰러뜨려 엉망으로 만들고 혼이 났던 것 같아요."라고 진술했다. 즉 기억을 만들어 낸 것이다.

또 다른 연구에서는 14세 소년에게 자신이 2살 때 백화점에서 길을 잃어버려 헤매다 나중에 어떤 사람이 발견하고 부모님과 다시 만날 수 있었다는 이야기를 자신의 형으로부터 듣게 했다. 물론 이 사건은 실제로 일어난 적이 없는 꾸며낸 이야기였다. 며칠이 지난 후에 이 소년은 이 사건과 관련된 부가적인 세부사항도 기억이 난다고 확신했다. 또 실제 경험하지 않은 사건, 예를 들어 "쥐덫에 손가락을 찧어서 병원에 간 적이 있는가?"라는 질문을 반복적으로 했을 때 나중에 절반 이상의 아동들이 세부사항까지도 매우 생생하게 기억해냈다.

이러한 허위기억은 강요된 자백에서도 일어난다. 특히 피의자에게 범죄를 입증하는 명백한 증거가 있다고 말하거나, 만취상태 또는 충격을 받아서 범죄를 기억할 수 없다고 말하는 것, 혹은 엄청난 범죄가 억압되어 기억나지 않는 것이며 애를 쓰면 기억날 것이라고 말하면 결백한 사람이라 하더라도 저지르지 않은 범죄를 자백할 때가 있다.

이러한 '착각성' 기억이 일어나기 위해서는 몇 가지 조건이 있다. 실제 사건이 있었던 과거와 기억해 내려는 현재 사이에 오랜 공백이 있어야 하고, 그러한 사건이 있었다는 암시가 계속적으로 주어져야 하며, 권위(신뢰) 있는 사람이 그런 암시를 주어야 한다. 그런 조건들이 갖추어지면, 사람들은 있지도 않은 이야기를 실제 사건인 양 믿게 된다. 몇 년 전 신입생 환영회 때 과음으로 '필름이 끊긴' 사람에 대한 이야기가 있다. 그 후 친한 친구가 그에게 농담삼아 "야, 너 그때 대단했지. 선배들한테 아주 당당히 이야기하던데" 하고 거짓을 이야기했는데 몇 번 그런 말을 듣고나서 그는 그대로 믿게 되었다는 것이다.

우리 또한 실제와 다른 허위기억을 가지고 있을 수 있다고, 또 진실이라고 믿고 있을 수 있다. 뇌를 촬영해 보니 허위기억도 실제 기억을 담당하는 뇌의 부위와 동일한 위치에서 발생하기 때문에 두 기억이 매우 비슷하다는 연구도 있다. 그 때문에 우리가 허위기억과 실제 기억을 구별할 수 없고 허위기억이 꼭 실제 기억인 것처럼 느껴진다고 한다.

하지만 허위기억은 목격자 증언이나 허위자백과 같은 특별한 경우가 아니라면 그렇게 심각한 결과를 가져오지는 않는다. 그리고 엉터리 기억을 만들어내려면 위와 같은 특수한 상황이 필요하다. 그 때문에 우리가 한두 개의 허위기억을 갖고 있다 하여 실제 생활에서 혼란을 느끼지는 않는다.

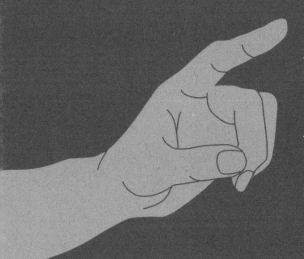

07

망각 -

내 머릿속의

지우개

"살다보면 우리에겐 잠시 동안만 기억하고 잊어버려야 할 것들이 많다.
한번 전화하고 말 회사의 전화번호라든가 길을 물어본 낯선 사람의 얼굴,
옆집에서의 소음 같은 것들이다."

왜 사람들은 잊어버릴까? 물론 단기기억에서의 처리용량은 7묶음 내
외이고, 또 오래 지속되지 못하기 때문에 잊어버리는 것은 당연한 것처
럼 보인다. 그러나 분명히 알고 있던 장기기억도 잊어버린다. 기억해야
할 것은 잊어버리고 잊어야 할 것은 기억하는 게 인간이라지만, 꼭 기
억해야 할 것을 잊어버린다면 당장 어려움에 처하게 된다. 아내의 생일
을 잊어버리면 다음날 반찬이 형편 없어진다. 그이의 이름을 '깜빡' 하
면 애정 전선에 구멍이 생길 수도 있다.

망각의 원인을 알게 되면 망각을 하지 않을 수 있는 나름대로의 방
법을 모색해볼 수도 있다. 망각의 이유에 대해서는 쇠퇴이론, 간섭이
론, 인출실패이론, 동기적 망각이론의 네 가지 중요한 설명이 있다. 모
두 그럴 듯하게 보인다.

시간이 지나면 잊혀진다 - 쇠퇴이론

쇠퇴이론은 시간이 지날수록 기억이 나빠진다(decay)는 단순한 설명이다. 이 이론에 의하면 기억은 중추신경계에 어떤 변화를 일으켜 기억흔적을 남기게 되는데, 이 기억흔적은 사용하지 않으면 시간의 경과에 따라 점차 희미해져 가고 결국에는 사라지게 된다는 것이다. 바위에 새겨진 글자가 시간이 지날수록 뭉개져 사라지듯이, 생생한 기억 또한 시간이 지날수록 희미해져 간다. 그러므로 이러한 망각은 부호화나 인출 단계에서 일어나는 것이 아니라 저장 단계에서 일어난다.

이 이론은 그럴 듯해 보이고 당연해 보이는 이론이다. 우리가 이전에 사용했던 전화번호를 시간이 흐를수록 기억하기 어려운 것이라든가 초등학교 때 친구의 이름을 기억하는 것이 어려운 것은 이런 이유 때문인 것처럼 보인다. 하지만 이 이론은 너무나 당연하게 느껴져서 과학적으로 검증하기가 쉽지 않다.

또 많은 연구에서 수면이 기억을 증진시킨다고 한다. 즉 같은 목록을 외우게 한 후 일상적인 일을 하도록 하여 일정 시간 재우지 않은 집단보다는 목록을 외운 후 일정 시간 잠을 자게 한 경우의 회상률이 더 높다는 연구를 보면, 동일한 시간이 지났지만 망각의 정도에는 차이가 있는 것이다. 이 때문에 실험적으로 검증할 수 있는 다른 이유들이 나타나게 되었다.

다른 정보의 간섭으로 망각된다 - 간섭이론

간섭이론은 망각이 간섭(interference) 때문에 일어난다는 것이다. 가령 여러분이 한 이성을 만나 데이트를 하는 중이라고 하자. 그러면 그(그녀)와 세 번째 데이트를 한 곳이 어디인지 생각해 보라. 여러분이 그(그녀)와 데이트를 한 것이 세 번밖에 없다면 쉽게 기억이 날 것이다. 하지만 열 번 정도의 데이트 경험이 있다면, 거기가 바닷가였는지 공원이었는지 극장이었는지 헷갈릴 것이다. 데이트를 한 여러 장소들이 서로 간섭을 일으켜 기억을 어렵게 하는 것이다.

간섭이론은 어떤 정보가 다른 정보를 방해하기 때문에 잊어버린다는 논리이다. 즉 어떤 단서와 함께 저장된 항목이 많을수록 간섭으로 인해 특정 항목을 인출하는 것이 어렵다는 것이다. 비슷한 경우라면 더 인출이 어렵다. 예를 들어 여러분이 다른 동네로 이사를 갔다고 하자. 그런데 이사한 지 얼마 안되었을 때는 가끔 옛날집으로 가는 버스를 타기도 할 것이다. 이것은 이전의 정보(옛날집)가 새로운 정보(새집)의 망각을 가져온 것이다. 또 얼마 지나다 보면 옛날집의 주소를 잊어버리게 된다. 이것은 새로운 정보가 이전의 정보를 잊어버리게 하는 것이다.

아이디와 비밀번호를 바꾸었을 때 겪는 불편함도 이런 간섭 때문이다. 바꾼 지 얼마 되지 않았다면 이전 것과 새것이 헷갈리게 된다. 그래서 이전 것으로 로그인하려다 실패하는 경우도 생기게 되고, 새것으로 로그인하다 보면 이전 것이 점차 잊혀진다.

이러한 간섭 때문에 수면이 기억에 도움이 된다는 실험이 수도 없이 많다. 수면 중에는 아무런 간섭을 받지 않기 때문이다. 예를 들면, 무의미 음절을 학습한 후 1시간 동안 일상적인 활동을 한 학생은 46%밖에 기억을 하지 못했지만, 1시간 동안 잠을 잔 경우에는 71%를 기억할 수 있었다는 것이다. 또한 이들에게 8시간 동안 일상적 활동을 하도록 한 후에는 9%밖에 기억을 못했지만, 8시간 동안 잠을 재운 경우에는 57%를 기억할 수 있었다는 것이다. 때문에 수면의 여러 역할 중 한 가지가 그날 일어났던 일을 분류하여 저장하기 위한 것이라는 설명도 있다 ─ 그 외에 수면은 피로회복을 위해서라든가, 에너지를 절약하기 위한 것이라는 설명 등이 있다.

때문에 밤을 새는 벼락치기 공부가 더 나은 성적을 보장하는 것이 아니다. 대부분의 사람들은 시험이 임박해 밤을 새거나 밤늦게까지 공부해본 경험이 있을 것이다. 하지만 대개는 원하는 만큼의 성적을 올리지 못한다. 수면부족은 뇌의 기억능력을 심각하게 떨어뜨리기 때문이다. 그래서 오히려 역효과만 있을 뿐이다.*

*| **잠과 뇌의 관계** | 잠자는 동안 뇌는 필요 없는 기억을 지움으로써 다음날 새로운 정보가 원활하게 들어올 수 있도록 준비를 해 놓는다고 한다. 따라서 잠을 제대로 자지 못하면 이러한 '청소'가 이뤄지지 않아 새로운 정보를 받아들이기 힘들고 두뇌 회전도 느려진다고 한다.

미국 워싱턴 대학 신경생물학과 폴 쇼, 제프리 돈리 박사팀은 잠은 왜 필요하며, 잠이 뇌의 기억력과 관련해 어떤 역할을 하는지를 초파리 실험을 통해 증명했다(초파리가 실험 대상으로 선택된 것은 초파리의 수면이 인간의 수면과 비슷하기 때문이다). 연구진은 뇌 신경세포 사이를 연결해 정보를 주고받는 부위인 '시냅스'가 잠자는 동안에 어떻게 달라지는지에 초점을 맞췄다. 그 결과, 잠을 잘 때 뇌는 중요하지 않은 기억을 담고 있는 시냅스를 삭제하고, 새 정보를 받아들일 수 있는 시냅스를 새로 만들어냄으로써 뇌 기능을 향상시키는 것으로 나타났다(뇌는 무한대로 새 시냅스를 만들 수 없다). 연구진은 이번 연구를 통해 "중요하지 않은 정보를 담은 시냅스를 지우는 과정이 바로 수면이 필요한 이유"라는 가설을 내세웠다.

또 잠을 재우지 않더라도 움직이지 않도록 했다면 활동했을 때보다 기억이 낫다는 결과도 있다. 이 모두가 다른 활동을 하지 않음으로써 간섭을 빚지 않았기 때문이다. 때문에 시험 직전 책 한 권을 통째로 훑어본 막강한 단기기억의 소유자는 앉은 자리에서 마치 죽은 듯 꼼짝도 하지 않는다. 시험지를 받아들고 답을 체크한 다음에는 그 내용이 전부 사라지더라도 말이다.

한편, 이런 간섭이 망각에만 해당하는 것은 아니다. 외국어나 운동을 배울 때에도 간섭으로 인해 제대로 배우지 못하는 경우가 있다. 영어와 독어의 두 외국어를 비슷한 시기에 처음으로 공부한다고 가정해 보자. 헷갈린다. 또 탁구와 테니스를 배울 때에도 어려움을 겪을 수 있다. 탁구의 경우에는 라켓으로 살짝 갖다대기만 해도 공이 넘어가지만 테니스의 경우에는 바로 앞에 떨어져 버린다. 역시 헷갈린다.

한곳에 너무 정신을 팔면 다른 쪽에서는 정신이 나가게 된다. 이 때문에 간섭이 일어나기도 한다. 그래서 연구에 몰입하곤 했던 뉴턴은 계란을 삶는다는 것이 시계를 대신 넣은 일화가 있고, 많은 사람들이 집에서 전화를 한다는 것이 TV리모컨을 들고 번호를 눌렀다는 이야기도 있다. 우스운 이야기지만 웃을 수가 없다. 현대 사회는 정보의 홍수를 이루는 시대이고, 우리는 이 물결에서 헤엄을 치면서 살아야 한다. 넘쳐나는 정보들을 제대로 구별하고 조직화를 해놓지 않으면 이처럼 간섭현상으로 헷갈리게 된다.

활동의 간섭효과

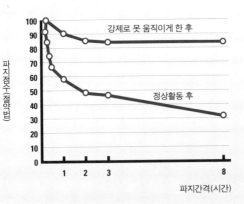

(A) 움직이지 못하게 한 바퀴벌레의 파지

강제로 못 움직이게 한 후

정상활동 후

파지점수(절약 법)

파지간격(시간)

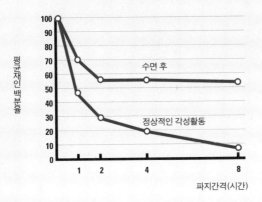

(B) 잠을 잔 대학생에 있어서의 파지

수면 후

정상적인 각성활동

평균재인 백분율

파지간격(시간)

움직이지 못하게 한 경우[21]와 잠을 재운 경우[22]가 정상적인 활동을 한 경우보다 기억이 좋다는 것을 보여준다.

어디 있는지 모르기 때문 - 인출실패이론

우리의 기억 창고는 엄청난 기억 자료로 채워져 있다. 창고의 저장용량은 거의 무한정이라 저장하지 못하는 정보는 없다. 그러나 그 무한정한 용량 때문에 필요한 것을 즉시 찾지 못하는 수가 있다. 아무리 정리정돈을 잘 해놓아도 그 과정에서 몇몇은 제자리를 벗어나 보관되는 경우가 있게 마련이다. 이렇게 된다면 그것을 찾는 것은 더욱 어렵게 된다.

인출실패이론은 이처럼 머릿속에 기억이 있기는 하지만 어디 있는지 몰라 끄집어내지 못하는 것이 망각이라는 설명이다. 가령 도서관에서 찾으려는 심리학 책이 법학서적 쪽에 섞여 있다면 찾기가 어렵다. 그러나 법학서적을 찾으러 갔을 때에는 우연히 그 심리학 책을 찾을 수 있는 것과 같은 이치다.

이런 경험이 있을 것이다.

> 하루는 뭔가 살 것이 있어 집을 나와 가게로 갔는데, 막상 가게에 도착해서는 뭘 사려고 했는지 도저히 생각이 나지 않았다. 다시 집으로 오니 그것이 생각났다.

가게로 걸어가면서 여러분은 아마 다른 것을 생각했을 것이다. 그 과정에서 집에서의 기억은 단기기억의 제한된 용량 때문에 사라지거나, 아니면 장기기억으로 넘어가게 된다. 이 경우 집은 여러분이 사려고 했던 것을 기억하게 해주는 단서나 신호가 된다. 그러나 가게는 그 역할을 하지 못한다. 그래서 가게에서는 그 생각이 나지 않지만 집으로 가면 다시 생각나게 되는 것이다.

이런 단서나 신호는 장기기억의 인출에 중요한 역할을 한다. 가령 어떤 목록을 순서대로 외웠는데, 첫 단어가 생각나지 않으면 그 목록은 잘 기억나지 않는다. 이럴 때 첫 단어를 알려주면 술술 그 목록이 기억난다. 첫 단어가 인출단서의 역할을 하는 것이다.

또 집에서 공부를 하고 교실에서 시험을 보면 잘 생각이 나지 않는 경우가 있다. 이것은 집과 교실의 분위기가 같지 않아 기억하고 있는 것을 제대로 뽑아 줄 만한 단서가 없기 때문이다. 그러므로 교실에서 공부하면 집에서 공부하는 것보다 나은 성적을 기대할 수 있다. 운동선수들에게만 현지 적응 훈련이 필요한 것이 아니다.

이처럼 인출단서가 있으면 회상이 쉬워진다. 자기가 다녔던 초등학교에서 길을 걷다보면 동창생들의 얼굴과 이름이 보통 때보다 잘 떠오른다. 누군가와 다툰 장소를 지나가면 평소 잊고 지냈던 그 순간이 회상이 잘 된다. 며칠 전 친구와 차를 마실 때 그가 나에게 무엇인가를 부탁했는데 기억이 나지 않다가 오늘 다시 그 찻집에 들르면 '아차'란 말과 함께 그 부탁이 생각난다. 초등학교와 찻집 같은 것들이 인출단서의 역할을 하기 때문이다.

실제로 한 실험에서는 잠수부를 대상으로 뭍과 물속에서 각각 무엇인가를 기억하도록 했다. 그런 다음 뭍과 물속에서 회상실험을 했더니 물속에서 기억한 항목은 물속에서, 뭍에서 기억한 항목은 뭍에서 기

억이 더 잘 되었다.[23)]

이처럼 어떤 일이 벌어진 상황에서 — 이러한 것을 맥락이라고 부른다 — 그 일이 회상이 더 잘 된다. 사고가 날 뻔했던 도로를 지나면 그때 오싹했던 순간이 잘 떠오르고, 오랜 만에 고향을 찾았다면 옛날 뛰놀던 기억에서부터 친구들 얼굴과 당시 벌어졌던 일들이 홍수처럼 한꺼번에 밀려오기도 한다. 이럴 때 "감회가 새롭다"는 표현을 사용한다. 이러한 상황(맥락)은 강력한 인출단서가 된다.

이러한 것은 정서에도 마찬가지다. 실제로 마리화나를 피우게 하고 단어목록을 학습한 피험자는 맨 정신일 때보다 마리화나를 피울 때 더 회상이 잘 되었다.[24)] 그리고 기분이 좋을 때에는 기분좋은 형용사가 더 잘 기억되고, 기분이 나쁠 때에는 부정적인 형용사가 더 잘 기억된다는 실험이 있다.[25)] 최근에 술 마신 날의 행동은 술 마시고 있을 때 기억이 잘 된다. 그래서 나쁜 술버릇은 맨 정신 상태에서는 고칠 수가 없고 술 마시면서 고쳐야 한다. 나쁜 술버릇으로 혼이 나면 다음 술자리에서 술 마실 때 그것이 더 잘 기억나기 때문이다. 이러한 것을 정서-맥락 효과라고 한다.

이 인출실패이론에 따르면 기억은 잊어버릴 수가 없다. 도서관에서 심리학 책을 문학 쪽에 갖다놓으면 그 책을 찾기 힘들지만, 그 심리학 책은 여전히 도서관에 보관되어 있다. 이와 마찬가지로 잊어버렸다고 생각되는 기억도 머릿속 어디에선가 '머리카락이 보이지 않을 정도로' 꼭꼭 숨어 있는 것이다. 그리하여 안타깝게도 여러분들이 시험을 치를 때나 친구를 오랜 만에 만났을 때 정답이라든가 친구의 이름이 생각나지 않는 경우를 경험했을 것이다. 기억이 날듯날듯 하다가도 목에 걸리고 입안에서 맴돈다(설단현상, 88쪽 참조).

중년의 기억이 어린아이의 기억보다 느리고 성능이 떨어져 보이는 것도 이 이론에 따르면 하등 문제가 되지 않는다. 커다란 창고에 물품이 10개 있을 때와 10,000개 있을 때 어느 경우에 필요한 것을 쉽고 빨리 찾을 수 있는지 생각해 보라. 어린아이는 경험과 지식이 그리 많지 않으므로 창고에서 쉽게 필요한 기억을 찾을 수 있지만, 경험과 지식이 많은 중년은 훨씬 많은 기억재료에서 찾아야 하기 때문에 시간이 걸리는 것이다. 나이가 들어 기억력이 쇠퇴한 것이 아니라 그만큼 경험과 지식이 풍부해졌다는 뜻이다. 그러나 인출단서가 부족하거나 다른 정보가 방해를 한다든가(간섭) 정서적인 상태로 인해 생각이 나지 않는 것이다.

그 때문에 나이 든 사람들은 퀴즈 대회에 나갈 때 젊은이들보다 불리하다. 인출에 걸리는 시간이 그들보다 훨씬 더 길기 때문이다. 머리 구석구석을 찾아보면 답을 찾을 수가 있지만, 부저를 빨리 누른 사람한테 우선권이 주어지는 퀴즈 대회에서는 젊은이에 비해 핸디캡이 있을 수밖에 없다.

점이라든가 별자리 운세가 맞아보이는 이유도 알고보면 이러한 인출단서의 역할 때문이다. "당신은 풍부한 상상력과 재치있는 판단력, 그리고 부드럽고 따뜻한 마음의 소유자입니다. 타인과의 경쟁이나 다툼보다는 양보하는 미덕을 갖고 있으나 간혹 변덕스런 면이 조금 있습니다." 이런 점괘나 운세를 듣게 되면 우리는 장기기억에서 그와 일치하는 것을 찾아낸다. 보통사람이라면 그런 경험과 일치하는 것은 얼마든지 있기 때문이다. 점쟁이의 말이 인출단서의 역할을 하고 있고, 또 이런 모호한 운세들은 많은 사람들에게 공통적으로 해딩되기 때문에 개개인에게는 정확하다는 착각을 일으킨다.

이러한 것을 바넘 효과라고 한다. 바넘 효과(barnum effect)는 점성술적인 성격 묘사에서처럼 대부분의 사람들이 일반적인 묘사를 믿거나 개인적으로 그것을 받아들이는 경향성을 말한다. 바넘(P.T. Barnum, 1810~1891)은 미국의 서커스를 지상 최대의 쇼로 만든 흥행술사 이름이다. 그는 나이 든 흑인 여성을 소개하면서 조지 워싱턴 장군의 무려 161세 된 간호사라고 속여 성공을 거두기도 하고, ― 워싱턴 장군은 당시보다 1세기 전의 인물이다 ― 물고기 몸에 사람 머리 모양을 붙여 만들어 피지에서 건져올린 인어라고 박물관에 전시하기도 했다. 스스로를 '사기의 왕자'라고 부른 그는, "모든 사람은 한순간 멍청이가 된다"는 말을 남겼는데, 이 말에서 바넘 효과라는 말이 나왔다.

민족적으로나 국가적으로 잊어버리지 말아야 할 날은 기념일로 정해져 달력에 빨간 색으로 표시된다. 달력의 빨간 날짜도 인출단서가 되어 그날이 무슨 날인지를 알려준다. 또 여러분이 달력에 아무런 메모 없이 동그라미만 쳐놓았다 하더라도 무슨 날인지 알 수 있는 것 역시 동그라미 쳐진 날짜가 '술래의 눈에 보이는 머리카락'의 역할을 하기 때문이다. 그래서 숨어 있는 의미를 찾아내 그날이 그이의 생일인지, 제대날짜인지, 만난 지 백 일 되는 날인지를 알 수 있다.

기억하기 싫은 것은 기억하지 않는다 - 동기적 망각이론

동기적 망각이론은 좀 흥미롭다. 사례를 보자.

> 일본의 다나카 전 수상은 총리 재임 중의 부정(록히드 사건)으로 체포됐
> 다. 자기에게 유리한 진술은 '컴퓨터 달린 불도저'라는 별명답게 잘 해냈
> 다. 검사가 뇌물을 준 업자를 대라고 다그치자 전 수상은 고개를 저으며
> 기억이 나지 않는다고 발뺌했다.
> 검사가 되받아 말했다. "아까 자신에게 유리하게 진술하신 것도 확실한 기
> 억이 아니었군요."
> 순간 전 수상이 쥐고 있던 만년필이 바닥에 굴러 떨어졌다.

이 설명에 따르면 우리가 기억하기 싫은 것들, 예컨대 고통스럽거나 위
협적인 것, 불쾌한 것, 좋지 못한 기억 등을 의도적으로 잊어버린다는
것이다. 누군가와 만날 약속을 해놓고는 깜빡 잊어버리고 약속시간이
지나서 약속이 생각이 난 경우가 있을 것이다. 이것은 그 약속을 잊지
는 않았으나 그와 만나기 싫은 동기가 있기 때문에 생각이 나지 않는
다는 것이 이 이론의 설명이다. 예상하다시피 이 설명은 프로이트가
주장했다.

프로이트는 다음과 같은 예를 들었다. 자기 남편이 누구인지를 '까
먹은' 여자가 불행한 결말을 맞았다는 이야기다.

"나는 언제인가 젊은 부부의 초대로 손님으로 갔는데, 그 부인이 웃으면서 말하는 것을 듣게 되었다. … 신혼여행에서 돌아온 다음날 그녀는 그의 언니를 불러서 함께 쇼핑을 갔다. 그녀의 남편은 출근하고 없을 때였다. 갑자기 그녀는 거리 저쪽 편에 있는 어떤 남자를 보게 되었는데, 그녀는 언니의 옆구리를 찌르며 말했다. "저기 좀 봐, K씨가 가고 있네."

그녀는 그 사람이 자기 남편이라는 사실을 잊어버리고 있었다. 나는 이 이야기를 들으면서 오싹하는 느낌이 들었지만 더 이상의 추리는 하지 않았다. 몇 년 후에 이 결혼이 대단히 불행한 결말을 가져왔다는 말을 들었을 때 이 이야기가 다시 떠올랐다."

이 동기적 망각은 현실생활에서 보통사람들보다도 정치인들의 망각현상을 가장 잘 설명해 주고 있다. 청문회나 비리정치인 수사 때에는 이런 종류의 기억장애(?)를 가진 사람이 수없이 출현한다.

그러나 꼭 위의 이유만으로 기억을 잊어버리는 것은 아니다. 어떤 돌발적인 사태로 인하여 기억장애가 생길 수도 있다. 대표적인 것이 기억상실증이다.

"내가 누구죠?" – 기억상실증

기억상실증(amnesia)은 뇌손상으로 인해 생기는 망각이다. 간혹 드라마

영화 『본 아이덴티티』 포스터

에서 넘어지거나 머리를 맞아 뇌에 충격이 가해진 후 기억을 잊어버리는 이야기가 나오는데, 이것이 기억상실증이다.

기억상실증에는 두 가지가 있다. 하나는 사고가 나기 이전의 사건들을 기억해 내지 못하는 경우인 역행성 기억상실증이다. 예를 들어 교통사고로 머리를 다친 환자가 사고 이전의 일정한 기간의 일을 기억하지 못한다든가, 전기충격이나 인슐린 같은 약물충격을 받아 그 이전의 일을 생각해 내지 못하는 경우가 그 예이다.

역행성 기억상실증의 대표적 사례는 영화 '본 시리즈'(『본 아이덴티티』, 『본 얼티메이텀』, 『본 슈머프리시』 등)에 나오는 제이슨 본(Jason Bourne) — 맷 데이먼 분 — 이다. 지중해 한 가운데에서 등에 두 발의 총상을 입은 채 표류하다 구출된 그는 의식을 찾게 되지만 기억상실증에 걸려 자신이 누구인지조차 모른다. 사고 이전의 일을 기억하지 못하는 것이다.

일반적으로 충격이 심할수록 망각되는 기간이 길어진다. 때로는 충격이 심하여 자신의 이름이나 가족, 주소 등 과거를 완전히 망각하기도 한다. 그래서 자기가 누구인지, 어디에 살았는지도 모른다. 그러나 대부분의 경우 기억상실의 증세가 심하더라도 며칠 또는 몇 주가 지나고 나면 사고 이전에 일어났던 일들을 기억해 낼 수 있다. 또한 일상생활에 필요한 여러 일들, 예를 들어 밥먹고 옷 입고 운전하는 일(절차기억)들은 잊지 않는다. 그리고 자신이 살던 동네로 데리고 가든가 친구들을 만나게 해주는 등 적절한 단서를 주면 대부분 기억해 낼 수 있다. 그러므로 역행성 기억상실증은 장기기억에 저장된 내용을 상실했다기보다는 기억의 인출과정에서 혼란이 생긴 것이라고 볼 수 있다.

나머지 하나는 사고가 난 후에 일어난 일들을 기억해 내지 못하는 것, 즉 순행성 기억상실증이다. 대표적인 사례가 이 책 앞부분에 소개된 『첫키스만 50번째』이다. 이 여성은 교통사고가 난 것을 기억하지 못하고 또 그 이후에 일어난 일을 기억하지 못한다.

순행성 기억상실증은 역행성 기억상실증이 심한 사람들에게서 나타나는 경우가 많다. 이는 뇌손상으로 인해 기억체계가 파괴되어 효율적으로 작용을 하지 못하기 때문에 일어난다. 앞의 HM의 사례를 기억해 보라.

"내 아들 어디 있지?" – 건망증

나가시마 시게오라는 일본 야구감독이 있다. 그는 일본의 야구팬들로부터 가장 많은 사랑을 받는 감독(전 자이언츠 감독)이지만 건망증이 심했다. 이 감독은 거리에 차를 주차하고 일을 마친 후 차를 내버려두고 택시로 귀가하여 경찰이 집까지 차를 갖다주기도 했으며, 불펜서 몸을 풀고 있던 선수는 잊어버리고 벤치에 앉아 있던 투수를 등판시키기도 했다. 아들이 초등학교 시절 함께 놀러갔다가 혼자만 집으로 돌아와 아들을 찾아 헤맸다는 일화는 아직도 유명하다.

이 정도는 아니겠지만, 중년기에 들어서면서 건망증을 호소하는 사람들이 많다. 매일 쓰는 물건을 어디 두었는지 모르고, 보고들은 것도 그 내용이 무엇인지 생각나지 않아 애를 먹게 된다. 또 예전 일들은 생각이 잘 나는데 최근에 일어나거나 배운 일은 좀처럼 기억하기 어려워진다.

특히 중년 주부들의 건망증이 심한데, 거의 대부분 심리적인 요인과 폐경 등 신체 변화가 원인이다. 점점 늙어가면서 아름다움의 상실에 대한 불안감, 가족 중에서 혼자만 낙오되는 듯한 위기감, 경제적인 문제로 인한 스트레스 등이 건망증을 악화시키는 요인으로 꼽힌다. 그로 인해 우울증 등 정서불안이 초래되기도 한다.

또 모든 것이 디지털화되면서 '디지털 치매'로 어려움을 겪는 경우도 늘고 있다. 디지털 치매는 휴대폰이나 컴퓨터, 계산기 등의 사용이 많아지면서 자신이 외워야 할 것들을 기기에 의존하면서 기억력이나 계산능력이 크게 떨어진 상태이다. 갑자기 간단한 암산이 안 되거나, 휴대폰 단축번호의 사용으로 누군가의 선화번호가 기억나지 않고, 노래방 기기의 등장으로 외울 수 있는 노래가 거의 없는 것과 같은 증상이 생긴다.

기억력은 정상적인 노화 과정에서 점차 떨어진다. 건망증은 단기기억 장애 또는 일시적인 검색능력 장애이다. 경우에 따라서는 과거의 일정한 기간 동안의 일을 기억하지 못하고, 최근의 일은 기억할 때도 있다. 하지만 건망증은 그다지 심각한 상태는 아니다. 처리해야 할 정보는 지나치게 많고 기억력에 한계가 있다면, 뇌는 혼란을 차단하는 수단으로 단기기억 장애 혹은 일시적인 검색능력 장애를 보인다. 즉 뇌의 혹사로 인한 현상으로, 그것이 한참 뒤에야 생각나는 건망증으로 표출될 뿐이다.

그리고 너무 익숙한 일은 자동화된 행동으로 나타나면서 별다른 주의를 기울이지 않기 때문에 건망증으로 나타나기도 한다. 외출하기 위해 집을 나왔을 때 가스를 잠궜는지 아파트 현관문을 잠궜는지 잘 생각이 나지 않는다. 심리학자들은 기억을 앞으로 해야 할 일을 기억하는 미래(prospective)기억과 이전에 일어난 일을 기억하는 과거(retrospective)기억으로 구분하기도 하는데, 누군가의 이름을 기억 못하는 과거기억의 건망증은 한순간 창피로 끝나지만 점심 약속을 해놓고 깜빡 잊어 상대방을 바람맞히는 미래기억의 건망증은 심각한 문제를 일으킬 수 있다. 같은 건망증이지만 나타나는 효과는 다른 것이다. 가

건망증 자가진단 체크리스트(40세 이상)

다음의 15가지 질문 중에 6개 이상 해당되면 기억력이 장애 수준에 해당하므로
빨리 검사를 받아보는 것이 좋다.

1. 오늘이 몇 월이고 무슨 요일인지 잘 모른다.
2. 자기가 놓아둔 물건을 찾지 못한다.
3. 같은 질문을 반복해서 한다.
4. 약속을 하고서 잊어버린다.
5. 물건을 가지러 갔다가 잊어버리고 그냥 온다.
6. 물건이나 사람의 이름을 대기 힘들어 머뭇거린다.
7. 대화 중 내용이 이해되지 않아 반복해서 물어본다.
8. 길을 잃거나 헤맨 적이 있다.
9. 예전에 비해서 계산능력이 떨어졌다.
10. 예전에 비해 성격이 변했다.
11. 이전에 잘 다루던 기구의 사용이 서툴러졌다.
12. 예전에 비해 방이나 집안의 정리 정돈을 못한다.
13. 상황에 맞게 스스로 옷을 선택하여 입지 못한다.
14. 혼자 대중교통 수단을 이용하여 목적지에 가기 힘들다.
15. 내복이나 옷이 더러워도 갈아입지 않으려 한다.

—『국민일보』, 쿠키뉴스 (2008년 7월 14일)

령 시험날짜를 잊어버리거나 가스 불에 냄비를 올려놓고 잊어버리거
나 중요한 계약을 잊어버리는 경우를 생각해 보라.

건망증은 지속적인 스트레스와 긴장감으로 뇌가 굳어 있을 때, 우
울하고 불안한 기분이 오래 지속되고 한 가지 생각에 집중할 때, 떨쳐
버리지 못하는 특정한 생각이나 사건에 집착하는 강박증이 있을 때,

수면이 부족하거나 불규칙적인 활동을 할 때, 단순하면서도 반복되는 일들을 지속할 때 등에서 심해질 수 있다.

건망증이 심한 사람은 가끔 기억이 없는 동안의 일들에 관해 마치 무슨 일이 있었던 것처럼 꾸며서 이야기하는 수가 있다. 이때에는 또 의식도 또렷하지 않는 경우가 많아서 자기가 어디에 있는지, 오늘이 며칠인지, 누구와 이야기하고 있는지도 모르고 있는 경우가 허다하다. 경우에 따라서는 낯익은 일들이 생소하게 느껴지고, 반대로 처음 보는 것인데도 어디선가 본 듯이 생각되는 일도 생긴다. 이를 데자뷰(deja vu)라고 한다. 즉 새로운 상황을 만났을 때 지금까지 체험해 본 적이 없는 상황인데도 마치 전에 본 것처럼 느껴지는 현상이다. 이런 것은 정상인에게서도 몹시 피로하다든지 취해 있을 때 나타나는 수가 있다.

건망증은 뇌세포의 손상에 따라 지적 능력이 크게 저하되는 치매와는 다른 것이다. 뇌기능 영상사진을 찍어 봐도 치매환자의 뇌세포는 상당부분이 죽어 있는 반면 건망증은 뇌 손상이 없는 정상으로 나타난다. 하지만 건망증이 문제가 되는 이유는 치매의 초기 증상일 가능성이 있기 때문이다. 건망증과 치매증세 초기의 경우 딱 구분하기 어렵긴 하지만, 기억력 상실을 의식하는 것은 건망증이라 할 수 있다. 하지만 자신의 기억력이 감퇴된 것을 인식하지 못한다면 치매에 해당된다. 치매는 자신이 무엇인가를 잊었다는 사실 자체를 알지 못한다. 치매는 뇌세포가 파괴되어 단순한 기억력뿐만 아니라 판단능력 등 뇌기능 전체에 문제가 생기는 병이기 때문이다.

기억손상의 극단적 예 - 알츠하이머병

「달과 6펜스」로 유명한 영국의 세계적인 소설가 서머싯 몸이 80세가 되었
을 때 그의 후원자들이 생일축하 파티를 열었다.

… 그가 인사를 할 차례가 되었다. 자리에서 일어난 그는 말하기 시작했다.
"사람이 늙는다는 것은 여러 가지 이점이 있습니다."

여기까지 이야기하고는 입을 머뭇거렸다. 침묵이 계속되었다. 그는 여기
저기 호주머니를 뒤적이며 방안을 두리번거리는가 하면 좌우로 몸을 흔들
기도 했다.

손님들이 웅성거리기 시작했다. 한참 후에 그는 더듬거리며 말하기 시작
했다. "나는 지금 그 이점들이 무엇인지 찾아내려고 애쓰고 있는 중입니
다."

그는 알츠하이머병의 초기 증세를 앓고 있었다.

1994년 말, 미국 제40대 대통령을 지낸 로널드 레이건이 자신은 알츠
하이머병을 앓고 있다고 공개하여 미국을 충격에 빠뜨린 일이 있다. 게
다가 대통령 재직시에도 알츠하이머병을 앓았다는 보고도 있는데, 가
히 그들의 충격을 헤아릴 만하다. 또 우리나라에서도 비슷한 시기에
치매증을 앓던 70대 할머니가 숨진 아들과 5일간 '생활'하다가 뒤늦게
발견된 사건이 있기도 했다.

알츠하이머병은 기억손상의 극단적인 예이다. 이것은 노인들에게서
많이 발병하는 것으로, 노인성 치매(노망)로 더 잘 알려져 있다. 그러나

엄격히 이야기하면 치매*에 이르게 하는 한 원인이 알츠하이머병이다.

이 병은 신경계통의 진행성 불치병이다. 해부학적으로 보면 대뇌반구의 수축과 뇌간이라는 뇌 영역의 신경손상 때문이다. 뇌간이 제대로 작용해야 중요한 신경전달물질을 만들어 낼 수 있다. 초기 증세는 건망증이며, 혼동 상태를 거쳐 흔히 노망으로 불리는 치매에 이르게 된다.

그리하여 어릴 적 기억은 생생한 반면 10분 전에 한 일은 '까먹는' 식으로, 새로운 정보를 잘 기억하지 못한다. 새로운 정보를 학습할 수 있는 능력이 감소되기 때문에 대개 최근에 있었던 일들에 대한 기억부터 소멸된다. 따라서 처음에는 열쇠를 자주 잃어버리거나, 물건을 잘 보관해 두었음에도 불구하고 찾지 못하는 경우가 생긴다.

치매 증상이 오래가면 오래 전에 습득한 장기기억도 상실된다. 과거에는 익숙하게 처리했던 일들을 서투르게 하거나 제대로 완성하지 못하게 된다. 세탁기와 같은 가전제품의 사용법을 몰라 우물쭈물하거나, 돈 계산을 서투르게 하는 경우도 생긴다. 자동차 열쇠로 시동을 거는 방법조차 생각나지 않는다. 치매가 더욱 진행되면 자녀 이름을 제대로 말하지 못할 뿐만 아니라 자신의 이름, 생년월일, 태어난 곳과 현주소도 모르게 된다.

알츠하이머병은 대개의 경우 이상한 행동이 나타난 뒤에야 의심하게 된다. 그러나 기억력 감퇴 등의 증상을 보인다면 이미 병이 상당 기간 진행됐을 가능성이 크다. 프랑스 국립알츠하이머연구재단에 의하면, 노인의 집에 있는 냉장고가 알츠하이머병을 가장 먼저 알리는 경보

장치라고 말한다. 즉 이 연구재단이 프랑스 알츠하이머병 환자들을 조사한 결과 환자의 절반은 초기부터 식욕이 감퇴되거나 배고픔을 전혀 느끼지 못하는 것으로 나타났다. 이들은 식재료를 사지 않아 끼니를 거르는 경우가 많다고 한다. 따라서 노인들만 사는 가정의 냉장고가 비어 있거나 유통기한이 지난 식품이 많은 경우 또는 떠먹는 요구르트 제품만 가득하다면 알츠하이머병을 의심해야 하는 상황이라고 한다.

알츠하이머병은 발병하면 매우 빠르게 진행되기 때문에 가족 등 주변 사람들이 세심하게 관찰해야 한다. 또 환자는 자신의 증상을 감추려는 습성이 있기 때문에 "식사하셨느냐"고 물을 게 아니라 실제 식사량 등을 꼼꼼히 체크해야 한다.

알츠하이머병은 더 이상 희귀한 병이 아니다. 미국의 경우 2009년 현재 530만 명이 이 질병을 앓고 있으며, 매년 약 50만 명의 환자가 생길 것이라고 미국 알츠하이머협회는 밝히고 있다. 알츠하이머병은 미국인의 사망원인 중 6번째이며, 2000년대 들어 사망률이 47% 이상 급증했다고 한다. 세계보건기구는 9월 21일을 '세계 치매 극복의 날'로 정하고 있을 정도다.

우리나라도 치매의 안전지대가 아니다. 우리나라의 역학조사 결과를 보면 65세 이상 노인 인구의 약 9.4%가 치매를 앓고 있다. 80세 이

* **치매** 앞으로는 '치매'란 용어가 사라지게 될 것으로 보인다. 보건복지부는 사회 전반에 치매란 용어에 부정적인 인식이 강하게 배어 있는 데다 거부감도 적지 않다는 판단에 따라 이를 대체할 수 있는 새로운 용어 찾기에 나섰다고 한다. 치매(痴呆)의 한자를 풀어보면 '치(痴)'자는 알지(知)자에 병을 나타내는 글자가 붙어 있어 지능, 지성이 병들었다는 뜻이며, '매(呆)'자는 사람이 기저귀를 차고 있는 모습을 나타낸 상형문자에서 나왔다고 한다. 일본도 한때 치매란 용어를 사용했으나 2004년 대대적인 치매 대책을 추진하면서 이를 '인지증'으로 바꿨다.

상 남자 노인의 경우는 20.9%가, 80세 이상 여자 노인 중에서는 31.4% 가 치매에 걸려 있다. 따라서 평균수명이 80세가 된다면 3~5명에 한 명꼴, 90세가 된다면 10명 중 네 명은 치매를 각오해야 한다.*

이 병의 원인이 무엇인지는 아직 모른다. 그러나 몇 가지 설명이 있다. 하나는 유전이라는 것이다. 또 알츠하이머병으로 사망한 사람의 뇌 속에서 알루미늄이 다량으로 발견되었기 때문에 알루미늄이 이 병을 일으킨다는 설명도 있다.

알츠하이머병을 예방하려면 뇌신경세포를 계속 활성화하는 것이 중요하다. 교육 수준이 낮은 계층에서 치매발생률이 높기 때문에 나이 든 후 고립과 격리를 피하고 기억훈련을 하는 것도 중요하다. 뿐만 아니라 치매가 가족과의 이별, 사별 등 심한 스트레스를 받았을 때 흔히 발병하기에 스트레스에 대한 적절한 관리가 예방에 필수다. 또 달걀을 먹는 것이 알츠하이머병의 진행을 중단시키는 훌륭한 치료효과를 가져온다는 연구 결과가 발표되기도 했다.

필름이 뚝 – 알코올성 치매

'술은 흥분제'라고 알고 있는 사람이 많겠지만 사실은 억제제다. 그것은 술이 인체 내에서 하는 역할이 신경, 특히 사고(思考)를 담당하는 대뇌피질을 자극시키는 것이 아니라 억제하고 마비시키기 때문이다. 그 결과가 흥분된 행동으로 나타나는 것이다.

술을 많이 마신 뒤 기억이 끊기는 사람들이 있다. 특히 술자리가 많은 연말이나 거래처 접대를 해야 하는 사람들은 지난밤에 있었던 일을 기억 못하는 '필름절단현상'(블랙아웃)을 겪곤 한다.

알코올은 1단계로 소뇌에 영향을 미쳐 언어와 운동감각에 혼선을 일으키고, 2단계로 의식을 주관하는 뇌 영역인 뇌간을 자극한다. 음주량이 더 많아지면 3단계로 접어드는데, 이때에는 기억능력을 담당하는 세포가 많이 몰려 있는 측두엽 세포를 취하게 한다. 또 마지막 4단계는 판단력, 추리 등 고도의 정신작용을 하는 대뇌피질세포를 파괴한다.

필름이 끊긴다는 것은 인체에 흡수된 알코올이 뇌에 있는 신경전달물질의 기능을 변화시켜 기억임무를 맡고 있는 대뇌의 부위를 일시적으로 마비시키는 것으로, 단기적인 기억장애이다. 이 필름절단현상은 알코올이 대뇌의 측두엽 해마 부분에 직접 영향을 미쳐 뇌의 정보 입력 과정에 이상을 일으킬 때 발생한다. 컴퓨터에 비유하면 작업중에 전원이 꺼져 작업한 것이 다 날아가 버리는 것과 같다. 이 때문에 새로운 현재 정보의 입력에만 문제가 발생하고 기존의 정보를 불러오거나 사용하는 데에는 지장이 없다. 필름이 끊겼던 사람이 무사히 집을 찾아오는 것은 바로 이런 이유에서다.

알코올은 기억을 담당하는 해마를 손상시키는 중요한 약물이다. 따라서 오랜 세월 동안 술을 많이 마시

* | **치매의 실태** | 치매에 이르는 원인은 대뇌혈관 질환, 파킨슨 병, 알츠하이머병 등 매우 다양한데 건강보험공단에 따르면 지난 5년간 병원을 찾은 노인성 치매 환자가 두 배 반 가까이 늘었고 이들에게 들어간 비용은 5배 증가했다고 한다.(연합뉴스, 2008. 9. 19)

면 해마 부위가 심하게 손상되어 기억력이 떨어진다. 지독한 술꾼들은 어떤 일을 깜박깜박 잊을 뿐만 아니라 거짓말도 잘 하는데, 없어진 기억을 보충하려는 것이다. 기억이 없는 사람의 이러한 거짓말을 작화증(作話症)이라 한다.

이처럼 오랜 술 중독으로 기억력이 심각하게 저하된 상태를 코르사코프 증후군이라 부른다.

● 코르사코프 증후군

지속적으로 술을 마시는 가운데 반복적으로 필름이 끊기는 현상이 일어난다면 주의를 해야 한다. 필름절단현상은 알코올 의존증의 초기현상으로 볼 수 있다. 필름이 계속 끊기면 비타민 B 중 하나인 티아민 부족으로 술을 마시지 않아도 필름이 끊기는 코르사코프 증후군에 걸릴 수도 있다. 1889년 러시아 의사인 코르사코프(Sergei Korsakoff)는 뇌손상에 의해 일어나는 심각한 기억장애를 처음 발견했는데, 그의 이름을 따 코르사코프 증후군이라고 한다. 이 증후군에 걸리면 깜박깜박 잊어버리는 건망증 현상이 일어나고 심하면 지속적으로 기억을 해내지 못하는 기억상실증이 발생한다. 사례를 보자.

> G는 늘 술독에 빠져 살았다. 때문에 알코올로 인해 그의 뇌가 손상되었다. 특히 의식적인 기억과 관련되는 뇌가 광범위하게 손상되었다. 그리하여 그는 코르사코프 증후군 증세를 나타내고 있었다.

G가 뉴욕시 근처의 호스피스를 찾아온 것은 1975년 초였다. 그 때 G는 단정하게 보였으며, 명랑하고 사교적이며 활발했다. 겉으로 보기에도 건강했다. 그때 그의 나이 49세였다.

"안녕하세요. 날씨가 좋습니다. 의자에 앉아도 될까요?"

그는 붙임성이 있었고 명랑했다. 말도 막힘 없이 잘했다. 의사가 뭘를 물어봐도 그는 잘 대답했다. 그는 자신의 이름과 생년월일, 그가 태어난 작은 마을에 대해서도 설명을 자세히 잘했다. 지도까지 그리면서 말이다. 그는 학창시절에 일어났던 일, 그 후 군에서 복무할 때 일어났던 일을 신이 나서 이야기했다.

그렇게 이야기하다가 그의 회상은 어느 시점에 가서 딱 멈추었다. 그가 학교시절을 이야기하다가 그 후 이야기가 군 복무시절로 넘어가면서 시제가 과거에서 현재로 바뀌었다. 의사는 깜짝 놀랐다. G가 과거에 겪었던 군 복무시절의 사건을 현재처럼 표현하고 있었던 것이다.

"G씨, 그것이 몇 년도에 일어난 일입니까?"

"1945년도의 일이지요. 뭐가 잘못됐습니까?"

이때 의사가 말했다.

"그런데 G. 너 지금 몇 살이지?"

의사는 갑자기 반말로 물었다.

"저, 지금 19살일 거예요."

머리가 허연 사람이 말을 더듬거리며 당황해했다.

"자, 그럼 이걸 좀 봐."

의사는 그렇게 말하면서 그에게 거울을 주었다.

"거울에 비친 얼굴이 그래 19살 젊은이 얼굴인가?"

그는 얼굴이 창백해지면서 비틀거렸다.

"아니, 도대체 이게 어떻게 된 것입니까?"

그는 미친 듯이 외쳤다. 의사는 자신이 그에게 못할 짓을 했다는 생각이 들었다. 그의 생각을 당장 딴 데로 돌려야겠다는 생각을 하면서 그를 창가로 데리고 갔다.

"아이들이 야구하는 게 보이지?"

그리고는 의사는 방을 빠져 나왔다.

… 의사가 방을 나갔다가 2분 후에 그 방에 들어가자 G는 아까 의사가 나갈 때 그대로 창가에서 밖을 바라보고 있었다. 의사가 문을 열고 들어온 것을 보고 그는 몸을 돌려 인사했다. 그의 얼굴에는 기운이 차 있었다.

"선생님, 안녕하세요. 날씨가 좋습니다. 의자에 앉아도 될까요?"

의사를 조금 전에 만났던 바로 그 사람이라는 것을 아는 듯한 표정은 전혀 없었다.

"이전에 만난 것 같지 않아요?"

"아니, 만난 적이 없는데요. 저는 방금 전에 일어난 일을 종종 잊어버리지요. 그렇지만 옛날 일은 뚜렷하게 기억합니다."

지능검사 결과, 그의 지능은 대단히 뛰어났다. 머리가 잘 돌아가고 관찰력도 뛰어나고 이론적이었다. 그러나 시간이 좀 걸리는 문제를 푸는 도중에는 자신이 뭘 풀고 있는지를 잊어버린다. 그는 어떤 말을 하거나 어떤 것을 보아도 몇 초 후에는 잊어버리고 만다. 그러나 그는 알코올로 그의 뇌가 손상되기 전에 기억한 것은 잘 기억하고 있었으며 지각능력도 뛰어났다.[26]

술을 장기간 마신 알코올 의존증 환자의 뇌를 단층 촬영해보면 정상인에 비해 뇌의 부피가 현저히 감소되어 있는 것을 볼 수 있다. 이는 알코올 과다소비로 인해 뇌의 영양상태가 나빠져 생기는 현상이다. 이처럼 술로 인해 뇌가 영양실조에 빠지게 되면 노인성 치매환자와 비슷한 증세의 알코올성 치매에 걸릴 수도 있다.

그러므로 필름이 끊긴 경험이 며칠 간격으로 계속되거나 술이 깬 후에도 기억이 예전같지 않으면 알코올 장애 전문의를 찾는 게 좋다. 계속 버티다간 30~40대에도 치매(알코올성)가 될 수 있다.

망각된 기억과 무의식

우리의 머릿속에서 망각된 기억은 그러면 완전히 없어진 것일까? 기억의 흔적조차 찾을 수 없을까? 컴퓨터에서는 파일을 삭제하기 위해 '휴지통'에 버리더라도 그 파일은 휴지통에 보관된다. 완전히 지워진 것은 아니다. 휴지통에서 꺼내 다시 사용할 수 있다. 또 '휴지통'에서 삭제를 선택해서 완전히 삭제를 한다 하더라도 전문가에게 의뢰하면 나중에 다시 복원할 수가 있다.

우리의 기억도 이와 비슷한 점이 있다. 즉 기억은 결코 상실되지 않을 가능성이 있다는 것이다. 망각된 기억은 아직 기억에 있긴 하지만 재생해내기에는 너무 약하다는 것이다. 가령 수술 중에 뇌(측두엽)에 자극을 주었더니 환자들이 정상적인 상태에서는 이야기할 수 없었던 어린 시절의 사건을 이야기할 수 있었다는 사례가 있다.[27] 하지만 이러한 이야기는 사실인지 아닌지 증명해 내기가 극히 어렵다.

또 다른 실험을 보면 망각된 기억이 여전히 머릿속에 존재함을 보여준다. 이 실험[28]에서는 피험자들에게 숫자와 명사(가령 '43-개')로 짝지워진 20개의 목록을 외우도록 하고 완전히 외울 때까지 학습시켰다. 그리하여 2주 후 그들을 불러 검사했는데, 75%를 기억해 냈다. 그러나 연구자의 관심은 피험자들이 회상하지 못한 25%의 목록에 있었다. 그리하여 피험자들에게 다시 20개의 짝짓기 쌍을 외우게 했는데, 이번에는 그들이 기억하지 못한 짝짓기 쌍을 그대로 두거나 또는 다른 것으로 바꾸기도 했다. 즉 '43-개'라는 짝짓기 쌍을 회상해내지 못했다면 '43-개'로 그냥 놔두거나 또는 '43-집'으로 변경하여 기억하도록 했다.

새 목록을 한 번 외운 후 피험자들은 기억검사를 받았다. 만약 외우지 못한 짝짓기 쌍이 머릿속에서 완전히 사라졌다면 그대로 놔둔 항목('43-개')과 다른 것으로 변경한 항목('43-집') 간에 차이가 없어야 할 것이다. 그러나 결과를 보면 그대로 놔둔 항목에서는 78%를 회상했지만, 변경한 항목에서는 43%만 회상해냈다. 즉 그대로 놔둔 항목의 회상률이 높았던 것이다. 이는 그 항목을 기억해 낼 수 없었다 하더라도 그 내용은 머릿속에 있었다는 것이다. 대신 기억나지 않을 정도로 희미했지만 말이다.

한편, 프로이트는 마음이 의식과 전의식, 무의식으로 구성되어 있다고 보았다. 이것은 빙산으로 잘 비유된다. 즉 수면 위에 튀어나온 작은 부분이 의식, 수면 바로 아래의 부분이 전(前)의식, 그리고 그 아래에서

빙산의 큰 부분을 차지하는 것이 무의식이다.

의식은 우리가 깨달을 수 있고 기억할 수 있는 것을 말한다. 이것은 우리가 어느 순간에 알거나 느낄 수 있는 모든 경험과 감각을 포함한다. 또 이 경험도 잠시 동안 의식될 뿐 우리가 다른 쪽으로 주의를 돌리면 전의식이나 무의식 속으로 사라져 버린다. 의식은 아주 작고 제한된 부분이기 때문이다. 이것은 인간 기억의 구조 중 단기기억과 유사하다.

의식의 아래에는 우리가 즉시 깨닫지는 못하지만 쉽게 기억할 수 있는 전의식이 있다. 전의식은 어느 순간에 있어서는 의식이 되지 않지만 우리가 조금만 노력하면 바로 의식될 수 있는 경험을 말한다. 이것은 인간 기억의 구조 중 장기기억과 유사하다.

정신에서 가장 크고 중요한 부분은 무의식이다. 무의식은 우리가 깨닫기를 완강히 거부하는 것이다. 프로이트에게 있어서 무의식은 전혀 인식되지는 않지만 행동에 가장 중요한 영향을 미친다고 한다.

이러한 무의식은 앞에 나온 암묵기억이라든가 바로 위의 망각된 기억과 관련이 있지 않을까? 사람들이 말하거나 행동할 때 무의식은 실수를 통해 나타나는데, 프로이트는 이것이야말로 그의 진짜 생각이라고 한다. 그래서 우리가 일상생활에서 기억을 잘 할 수 없거나 실언을 할 때, 또 꿈으로 나타난다고 한다.

며칠 동안 보지 못했던 친구에게 전화를 걸려고 했으나 전화번호가 생각이 나지 않는다면 그 친구에게 전화를 걸 마음이 없다는 것이 무의식적인 그의 마음이라고 프로이트는 말했다. 회장이 개회사를 할 때

"지금으로부터 회의를 폐회하겠습니다."라고 말하면 그는 빨리 회의를 끝내고 싶다는 것이다. 또 "나의 반은 '자기'의 것이고 '자기'의 반은 '자기' 것이고…"라는 실언을 했다면 '나'는 '자기'를 사랑하고 있지 않다는 진짜 마음을 나타낸다는 것이다. 그러나 프로이트에 따르면 모든 실언이나 실수, 망각이 무의식적으로 동기화가 되었기 때문은 아니라고 한다. 예를 들어 남편을 다른 사람에게 소개할 때 남편 이름이 갑자기 떠오르지 않는 것은 또 다른 이유가 있을 수 있다는 것이다. 순간적으로 그녀가 멍해졌거나 이름이 너무 단순하거나 아니면 기억들이 간섭을 일으켰을지도 모른다는 것이다.

프로이트에 의하면 우리가 정말로 하고 싶지 않은 일에 대해서는 억제라는 방어기제가 작용해 우리를 멍한 사람으로 만든다고 한다. 창고에 기억 재료를 보관할 때 일부러 우리가 찾지 못하게 하기 위해 꼭꼭 숨겨놓고 그 자리에는 다른 재료를 갖다 놓는다는 것이다. 그렇게 되면 기억해야 할 것이 기억나지 않고 찾아서 해야 할 말이 엉뚱한 단어로 대체되기도 하는 것이다. 이 또한 암묵기억이나 망각된 기억처럼 우리가 의식적으로 알 수 있지도 못한다.

하지만 일상생활에서 우리는 어떤 행동을 해놓고 왜 그런 행동을 하게 되었는지 모르는 경우가 있기도 하다. 우리가 미처 깨닫지도 못하는 상태에서 왜 그런 말을 했는지, 왜 그런 행동을 보였는지 나중에 후회하는 경우가 있다. 또는 그와 반대로 생각지도 않게 훌륭한 결과를 낳아 우쭐해하기도 한다. 물론 어느 경우든 '생각지도 않았던' 행동이었기 때문에 머쓱한 기분이 든다.

또 인출실패이론에 따르면 우리가 보고들은 모든 것들이 우리의 기억창고에 저장되어 있다. 그래서 어떤 낯선 장소에 처음 가더라도 그런 장소가 어디선가 본 듯한 데자뷰 현상을 경험하기도 한다. 또는 그와 정반대로 분명 언젠가 온 적이 있는 곳인데 마치 처음으로 가는 장소인 것처럼 느껴지기도 한다 ― 이러한 것을 데자뷰를 거꾸로 하여 뷰자데라고 부른다. 이러한 것은 이 장면이 인출단서가 되어 이와 비슷한 어디에선가의 경험을 끄집어내기 때문에 낯선 장면을 보더라도 낯설지 않을 수가 있고, 또는 우리가 경험한 사실이지만 정교하게 기억 속에 넣지 못해 우리의 기억 창고 어디에선가 쉽게 찾을 수 없는 구석에 처박혀 있어 생각이 나지 않을 수도 있는 것이다.

이러한 것들을 프로이트는 무의식의 발로라 하고 우리도 무의식이라 당연히 생각하지만, 심리학적으로는 우리가 전혀 알지도 못하는 무의식이 아니라 조심스럽게 접근하면 파악할 수 있는 암묵기억 내지는 망각된 기억일 수가 있는 것이다. 그렇다면 프로이트의 무의식이 심리학 방법론의 발전으로 정통 심리학의 범위로 들어와 그 내용이 속속 밝혀질 날도 머지 않아 보인다.

망각은 나쁜 것인가?

현재 과학자들로부터 자신의 과거를 가장 잘 기억하고 있는 사람으로 인정받고 있는 사람은 질 프라이스(Jill Price, 42세)라는 사람이다. 그녀는

2008년 발간된 『망각할 수 없는 여인』(The Woman who can't forget) 이라는 책의 저자인데, 14살 이후 매일 겪은 일을 생생하게 상기해내는 초기억(super-memory) 능력의 보유자이다. 그녀에게 날짜를 말하면 몇 초 만에 그날이 무슨 요일이었는지, 그날 무슨 일을 했으며 어떤 사건이 일어났는지 낱낱이 생각해냈다. 프라이스는 10살부터 34살까지 기록한 일기장을 보관하고 있었으므로 연구진들은 그녀의 기억력을 검증할 수 있었다.

이 책의 시작 부분에서 이야기했지만, 기억은 양날을 가진 칼과 같다. 상대를 해칠 수도 있지만 자기가 다칠 수도 있다. 기억이 좋으면 그만큼 이득도 많겠지만 쉽게 잊어버리지 못해 고통받을 수 있다. 위 사례의 프라이스는 너무 많은 기억이 떠오르기 때문에 정신적으로 쉽게 피곤해지는 '기억의 고문'에 시달리고 있다고 한다. 외상후 스트레스 장애(PTSD)*나 우울증 환자의 경우 고통스러운 과거의 기억을 '지우지 못해' 고통을 겪는 증상들이다. 반면 기억이 좋지 않으면 그만큼 손해도 있긴 하겠지만 고통스런 일들을 쉽게 잊어버림으로써 생활의 안정을 찾을 수도 있다.

● 기억력 향상 알약과 망각 알약

기억이 좋으면 생활에서 얻을 수 있는 이점이 한둘이 아니다. 시험 성적을 올리는 것에서부터 타인의 이름을 기억해 줌으로써 인간관계가 개선되기도 하는 등 수많은 이점이 있다. 그래서 위와 같이 뛰어난 기억력을 가진 사람이 부럽기도 하다. 그 때문에 기억을 증진시키는 책략을 다룬 책을 찾게 되고, 나름대로 기억의 전략을 세우기도 한다. 그리고 알약 하나만 먹어서 기억이 좋아진다면 더할 나위 없을 것이라며 바라는 사람들도 많다.

공상과학에서나 나올 법한 이야기지만 실제로 기억력을 향상시키는 약이 개발될 가능성이 있다고 한다. 2007년 캐나다 과학자들이 쥐 실험을 통해 뇌 속에서 쥐의 기억에 영향을 주는 변이 유전자를 식별해 내는 데 성공함으로써 장차 기억력을 향상시키는 알약이 현실화될 수 있을지도 모른다는 보도가 있었다. 그런 알약이 발명된다면 알츠하이머병과 같은 기억력 관련 질환을 앓고 있는 사람들에게 치료를 위한 새로운 방법을 제공할 수 있을 것이며, 설사 질병 자체를 치료할 수는 없더라도 기억력 상실 증후군에 걸린 사람을 구제할 수 있을 것이다. 기억력이 나빠 고생하는 일반인들도 그 혜택을 볼 수 있을 것이다.

하지만 일반적으로 기억을 못해 괴로움을 당하는 것보다는 잊어버리지 못해 고통받는 것이 더 심한 경우가 많다. 기억을 못하면 메모라든가 주위의 도움을 받을 수 있다. 하지만 잊지 못해 힘들 경우에는 뾰족한 대책이 없다. 특히 잊고 싶은 기억

* | **외상후 스트레스 장애** | 외상이라면 신체 외부적으로 상처를 입는 경우를 일반적으로 생각하겠지만, 정신의학에서는 사고나 재해와 같이 인간의 정신이나 신체가 감당하기 힘들 만큼 커다란 충격을 외상, 즉 트라우마(trauma)라고 부른다. 외상후 스트레스 장애(Post Traumatic Stress Disorder)는 전쟁, 산업재해, 교통사고, 성폭력, 납치 . 감금 등 심리적 충격을 겪은 후에 생긴다. 끔찍한 당시의 기억과 함께 불안이 지속되는데, 영어 약자를 따서 흔히 PTSD라고도 한다. 일반적으로 사람들의 40~90%는 평생에 적어도 한 번 이상의 외상을 경험한다고 한다.

일수록 지우기가 더 어렵다.

잊어버리기 위해 술을 마시는 사람들도 있다. 하지만 술이 슬픔을 달래준다는 통념과는 달리, 나쁜 기억이나 불쾌한 감정을 더욱 오래 지속시킨다고 한다. 일본 도쿄 대학 연구팀에 따르면, 흔히 '취한' 기분을 느끼게 하는 술 속의 에탄올 성분은 기억을 감퇴시키는 대신, 음주 전의 기억을 더욱 오래 고착시키는 것으로 밝혀졌다고 한다. 즉 슬픔이나 나쁜 기억을 잊고 위로를 얻기 위해 마시는 술이 오히려 그것을 더욱 강화시킬 뿐이라는 것이다.

그래서 쉽게 잊어버릴 수 있는 방법에 대한 상상이 많이 있다. 외계인이 지구인과 공존하며 사는 사회를 배경으로 한 영화 『맨 인 블랙』에서는 망각의 불빛을 한번 쬐기만 하면 지구인들은 방금 일어난 사건을 잊어버린다. 공상과학 소설이라든가 영화를 보면 가끔 '망각의 알약'이 등장한다. 이런 '망각의 알약'에 대한 연구도 해외에서 진행 중이라고 한다. 2004년 『워싱턴 포스트』지는 도로에서 교통신호에 걸려차를 세우고 있다가 차와 함께 납치당해 수 시간 동안 끌려다니면서 위협을 받다가 탈출에 성공했으나, 그 후에도 수 년 동안 이 끔찍한 기억의 악몽에 시달리면서 정상적인 사회생활이 어렵게 된 한 여성이 이 연구의 피험자로 자원한 사례를 들며 연구 현황과 논란을 소개한 적도 있다.

그리고 최근에는 머리에서 지우고 싶은 개별 또는 특정 기억을 떠올릴 때 마음 아픔을 해소시켜 주는 약이 발견되었다고 한다. 현재 미국이나 캐나다, 프랑스 등에서 진행되는 실험 결과를 보면, 애초부터 고통스런 기억이 정신장애를 가져올 만큼의 강도로 저장되지 않도록 막아주거나 옛날 기억이 되살아날 때마다 복용하면 그 기억의 고통을 완화시켜 주는 것이라고 한다.

이 약이 외상후 스트레스 장애 방지에도 효과가 있는지 알아본 결과 교통사고 등 끔찍한 사고를 당한 후 이 약을 먹은 사람은 그렇지 않은 사람보다 수개월 후 PTSD 증상이 덜 심한 것으로 나타났다고 한다. 현재까지의 연구는 특정한 기억 자체를 지우는 것이 아니라 기억의 감정촉발 효과를 둔화시키는 수준에서 이루어지고 있지만, 앞으로는 과거의 기억을 아예 없애버리거나 지워버리는 효능을 찾는 연구로 나아갈 것으로 보인다.

이처럼 기억하고 싶은 것은 기억하고 잊어버리고 싶은 것은 잊어버릴 수 있으면 얼마나 좋겠는가? 그렇다면 우리는 컴퓨터 파일을 삭제하는 것처럼 지워버리고 싶은 기억을 골라 머리에서 지워버릴 수 있을 것이고, 또 잘못 지웠다면 컴퓨터 파일을 복원하는 것처럼 다시 재생시킬 수 있을지도 모른다.

그러나 실제로 그런 약이 임상실험을 통과하고 시중에 나오려면 수년은 걸린다. 또 그 과정에서 효과가 없는 것으로 판명되어 묻혀버리기도 한다. 또 설령 세상에 나왔다 하더라도 논란이 없을 수가 없다. 한편으로는 PTSD에 시달리는 환자의 고통을 덜어주는 게 타당해 보인다. 그러나 또 한편으로는 사회윤리적인 문제도 나타날 수 있다. 즉 고통스런 기억도 그 사람의 현재의 일부이자 정체성의 일부라고 할 수 있을 것이다. 또한 유대인 학살과 같은 일을 직접 당하거나 목격한 사람들의 기억은 보존하는 것이 사회윤리적으로 타당해 보이기도 한다.

그런 사회적인 윤리 문제는 젖혀두더라도 정상적인 개인에게 망각이 불쾌한 것만은 아니다. 오히려 망각은 뇌의 능률을 높이는 유쾌한 것이기도 하다. 고통받는 정도는 아니더라도 누구든 잊고 싶은 기억이 한둘은 있게 마련이다. 창피했던 경험, 쓰라렸던 패배, 정상 코앞에서의 좌절… 이런 것들은 빨리 잊어버리면 오히려 더 나은 생활을 유지해 나갈 수 있을 것이다.

또 컴퓨터가 빨리 돌아가려면 하드디스크에 빈 공간이 많아야 하듯이, 인간의 뇌도 별 필요 없는 정보는 걸러내야 하고 쓸데없는 기억은 지워내야 한다. 그래야 새로운 정보를 잘 저장할 수 있다. 우리의 기억 창고에서 필요도 없는 것이 입구 근처에 자리를 차지하고 있으면 우리의 기억 공간만 잡아먹게 되고 기억의 인출에 방해만 될 뿐이다. 살다 보면 우리에겐 잠시 동안만 기억하고 잊어버려야 할 것들이 많다. 한번 전화하고 말 회사의 전화번호라든가 길을 물어본 낯선 사람의 얼굴, 옆집에서의 소음 같은 것들이다. 이런 것들조차 우리 머릿속에 오랫동안 저장되어 있다면 간단한 전화번호를 찾는 데 상당한 지장을 줄지도 모른다.

기억해야 할 것은 잊어버리고, 잊어버려야 되는 것은 기억하는 게 인간이지만 이러한 것도 인간에게는 유쾌한 일이다. 인간에게는 기억이 있다는 사실만으로도 우리는 이미 축복받은 존재이기 때문이다.

주

1) Tomkins, 1970.

2) Collins & Quillian, 1969.

3) Collins & Quillian, 1969.

4) Brown, 1991.

5) Wingfield, 1979.

6) Lindsay & Norman, 1977.

7) Berry & Broadbent, 1984.

8) Craik, Tulving, 1975.

9) Craik & Tulving, 1975.

10) Bower 등, 1969.

11) Neisser, 1982.

12) Bartlett, 1932.

13) Loftus, 1980.

14) Baddeley, 1997.

15) Baddeley, 1997.

16) Wells, 1993.

17) Loftus & Palmer, 1974.

18) Brown & Kulick, 1977.

19) Colegrove, 1899.

20) 장현갑 외, 2004.

21) Milini & Dallenbach, 1946.

22) Jenkins & Dallenbach, 1924

23) Godden & Baddeley, 1975.

24) Eich, 1980.

25) Bower, 1981.

26) Sacks, 1987.

27) Penfield, 1959.

28) Nelson, 1971.

참고문헌

김선 편저, 『기억에 대한 이해와 훈련 프로그램』, 교육과학사, 1998.

박희준, 『기억력을 기르자』, 해돋이, 1994.

윤영화, 『뇌과학에서 본 기억과 학습』, 학지사, 2001.

이정모 외, 『인지심리학』, 개정판, 학지사, 2003.

정현숙 편역, 『기억력 소프트웨어』, 집문당, 1996.

도미니크 오브라이언, 박혜선 옮김, 『기억의 법칙』, 들녘미디어, 2003.

루리야, 박중서 옮김, 『모든 것을 기억하는 남자』, 갈라파고스, 2007.

고도 치하루, 오희옥 옮김, 『기억력 10배 올리는 방법 47』, 북폴리오, 2005.

Cermak, Laird S., *Improving Your Memory*, 김영채 역, 『기억의 이론과 적용』, 양영각, 1983.

Gleitman, Henry, *Basic Psychology*, 4ed., 장현갑 외 역, 『심리학』, 시그마프레스, 1999.

Parkin, Alan, *Memory: A Guide for Professionals*, John Wiley & Sons, Ltd., 이영애·박희경 옮김, 『기억연구의 실제와 응용』, 시그마프레스, 2001.

Reed, Stephen K., *Cognition: The Theory and Application*, 5th ed., 박권생 옮김, 『인지심리학: 이론과 적용』, 시그마프레스, 2000.

Smith, Edward E., Susan Nolen-Hoeksema, Barbara Fredrickson, and Geoffrey R. Loftus, *Atkinson & Hilgard's INTRODUCTION TO PSYCHOLOGY*, 14ed., Thomson Learning Inc., 2003, 장현갑 외 공역, 『힐가드와 애트킨슨의 심리학 원론』, 박학사, 2004.

Wingfield, Arther & Dennis L. Byrnes, *The Psychology of Human Memory*, Academic Press, 1981, 이관용·김기중·박태진 역, 『인간기억의 심리학』, 법문사, 1984.

Baddeley, Alan, *Human Memory*, revised ed., Psychology Press Ltd., 1997.

Feldman, Robert S., *Understanding Psychology*, 4th ed., McGraw-Hill. Inc., 1996.

Huffman, Karen, Mark Vernoy, and Barbara Williams, *Psychology in Action*, John Willey & Sons, 1987.

Lindsay, P.H. & D.A. Norman, *Human Information Processing*, NY: Academic Press, 1977.

Lutz, John, *An Introduction to Learning and Memory*, Brroks/Cole Publishing Company, 1994.

Terry, W. Scott, *Learning and Memory*, 3rd ed., Pearson Education, Inc., 2006.

Wingfield, A., *Human Learning and Memory: An Introduction*, NY: Harper and Row, 1979.

Roy Lachman, Janet L. Lachman, and Earl C. Butterfield, *Cognitive Psychology and Information Processing*, Lawrence Erlbaum Associate, 1979.